리
더
心

리더가 품어야 할 다섯 가지 마음가짐
리더心

초판 1쇄 발행일 2022년 5월 6일

지은이 정현천
펴낸이 박희연
대표 박창흠

펴낸곳 트로이목마
출판신고 2015년 6월 29일 제315-2015-000044호
주소 서울시 강서구 양천로 344, B동 449호(마곡동, 대방디엠시티 1차)
전화번호 070-8724-0701
팩스번호 02-6005-9488
이메일 trojanhorsebook@gmail.com
페이스북 https://www.facebook.com/trojanhorsebook
네이버포스트 http://post.naver.com/spacy24
인쇄·제작 ㈜미래상상

ⓒ 정현천, 저자와 맺은 특약에 따라 검인을 생략합니다.

ISBN 979-11-87440-94-9 (13320)

* 책값은 뒤표지에 있습니다.
* 잘못된 책은 구입하신 곳에서 바꾸어 드립니다.

정현천 지음

리더心

리더가 품어야 할 다섯 가지 마음가짐

트로이목마

들어가며

모든 경계에는 꽃이 핀다
……

(함민복, 〈꽃〉 中에서)

　　　　　　　　　　사람들이 기업에서 일을 하는 이유
에는 회사가 이익을 내고, 자기가 급여를 받는 것 이상의 무언가가
있다. 일을 제대로 잘하면 속한 회사가 성과를 더 잘 낼 수 있고, 회
사가 제대로 성과를 내면 사회 안에서 더 많은 가치를 만들어 내고
사회의 구성원들이 더 나은 삶을 사는 데 기여하는 것이다.
　자본주의가 발달하고 기업들의 규모가 커지고 글로벌화되면서
기업을 경영하는 사람들의 잘잘못에 의해 지구에 사는 많은 사람
들이 크게 영향을 받는다. 좋은 제품과 좋은 서비스를 통해 소비자
들이 혜택을 얻기도 하고, 종업원들은 일하는 즐거움과 함께 안정
적으로 생계를 유지할 수 있는 기반을 마련하기도 하지만, 때로는

그들의 잘못으로 인해 엄청난 재해가 초래되기도 하고, 대규모 실업 사태가 일어나기도 한다. 그 모든 배후에 경영자 또는 리더들의 역할이 있다. 기업뿐만이 아니다. 병원, 공공기관, 학교, 정부, 국제기구 등 각양각색의 조직에서 경영을 하는 사람들, 즉 리더들의 역할이 더욱 중요해지고 있다. 그들이 내리는 판단과 의사 결정, 그리고 조직을 움직이는 실행력에 따른 결과가, 과거에 비해 규모가 크고 광범위하게 영향을 미치며 상호의존성이 매우 높아졌기 때문이다.

한편 그들이 처한 환경은 이미 코로나19(COVID19) 상황에서 전 세계인들이 목도하듯, 지속적으로 변화하고 그 변화의 속도는 더욱 빨라지며 폭 또한 더욱 커지고 있다. 그 가운데 리더들에 대한 기대도 바뀌고 있다. 전 세계 13개 국가 64,000명을 대상으로 한 조사에서, 많은 사람들이 이 시대의 리더가 갖춰야 할 역량으로 공감 능력, 이타심, 협업 정신, 표현력, 유연성, 인내를 골랐고, 독립심, 적극성, 결단력, 통제력은 시대의 흐름과는 맞지 않는 역량이라고 보았다(출처: 《The Athena Doctrine: How Women (and the Men Who Think Like Them) Will Rule the Future》, John Gerzema & Michael D'Antonio, 2013, Jossey-Bass). 이제 리더들은 모든 것을 스스로 결정하고 해결하는 것이 아니라, 조직을 둘러싼 환경을 파악하고 이해관계자들을 두루 섬기면서 구성원들이 최선의 역량을 발휘하도록 여건을 만들어 내는 사람이 되어야 한다. 아직도 리더라고 하면 비전, 카리스마, 강력함, 불굴의 끈기와 같은 말들이 먼저 떠오르고, 그런 모습들이 우리에게 익숙한 리더십이기는 하지만, 성과만 앞세우고 구성원들을 몰아붙이며, 비인격적인 리더들의 시대는 끝났다고 해도 과언이 아니다.

기업을 경영하는 과정에서 부딪치는 문제들의 해결과 의사 결정에 필요한 것은, 다음의 세 가지라고 할 수 있다. 첫째, 일하는 목적과 이유, 둘째, 가능한 한 정확하고 충분한 정보와 데이터, 셋째, 불확실성을 감안한 상태에서의 과학적이고 합리적인 추론.

이 가운데 첫째인 목적과 이유는 일의 방향을 잡고 꾸준히 실행해 나가기 위해 필요한 것으로써 '제대로 된 마음가짐'과 연결된다. 즉, '왜(Why)?'라는 질문에 답을 찾으려는 것이고, 그것이 자신뿐 아니라 구성원들의 '어떻게(How to)?'로 연결되고, 어떻게에 따라 일의 결과가 달라진다. 그 마음가짐은 '주인 의식'과 '청지기 의식'이라는 양 날개로 방향을 잡는다. 주인 의식은 최선의 노력을 다하는 것이고, 청지기 의식은 본분을 지키고 책임을 지는 것으로, 사실 동전의 양면이다. 일의 결과에 따른 혜택만을 오롯이 누리겠다는 것이 아니라 일의 결과에 따른 책임 또한 스스로 지고자 하면 최선을 다하지 않을 수 없다. 전문경영인이나 종업원도 스스로 주인과 같은 열정과 창의성을 발휘하지 않으면, 기업과 자기 자신의 잠재력을 최대한 이끌어 내고 최대한의 가치를 실현하는 것이 불가능하다. 또 오너경영자라 하더라도 소수 주주 및 채권자, 종업원 등 기타 이해관계자들에 대해, 그들을 대신하거나 대표해서 경영을 책임지고 있다는 '청지기 의식'을 갖지 않고는 제대로 된 경영을 할 수 없다. 마음가짐이 잘못된 상태에서 하는 의사 결정과 일들은 자신을 위해서나 세상을 위해서나 좋은 결과를 낳기 어려울 뿐 아니라, 경우에 따라 세상에 해를 끼치기도 하고, 결국 본인도 다치게 할 수 있다. 설혹 일시적으로 좋은 효과가 있더라도 그것이 꾸준하기를, 다시 말해서 지속가능하기를 기대할 수 없다.

그런 맥락에서 리더는 자신이 이끄는 조직을 외부의 더 큰 환경에 기여할 수 있도록 정렬시키고, 그 목적에 맞게 내부의 구성원과 자원을 정렬시키는 사람이다. 다시 말해서 대의(大義)를 좇는, 또는 좇아야 하는 사람이다. 자기가 이끄는 조직과 구성원들이 그것을 둘러싼 더 큰 시스템의 안녕과 발전에 기여하는 방향으로 이끌어야 한다. 회사야 어찌 됐든 자기 부서만 잘 되기를 바라면 부서의 리더가 아니다. 사회 전체가 어찌 됐든 자기 회사만 돈을 잘 벌면 된다고 하면 회사의 리더가 될 수 없다. 과거의 리더들이 심지어는 약탈과 살육을 저지르면서도 신을 찾거나 민족을 들먹인 것은, 어쨌거나 그들이 대의를 표방하고자 노력한 흔적이다.

오늘날의 대의는 인류 공동의 번영과 행복, 그리고 지구 생태계의 지속가능성이다. 돈만 벌고 그것을 위해 수단과 방법을 가리지 않거나, 또는 최소한으로 법에서 요구하는 범위만 겨우 지키려고 하는 사람은 회사의 진정한 리더가 아니다. 회사가 속한 사회와 지구 시스템에 기여하고 그 가치를 올리는 방향으로 회사의 사업모델, 조직과 인력구조, 전략과 실행을 정렬시키고, 그것을 통해서 그리고 그것을 지속시키는 방법으로 돈을 벌고자 노력하는 사람이 진짜 기업의 리더다. 자기의 이익을 최우선시하는 것은 말할 필요도 없고, 자기가 이끄는 조직과 그 구성원들만 생각해서 조직 경계 바깥의 외부를 이용(exploit)만 하려 드는 사람은 리더라고 할 수 없다. 양아치 두목이나, 조폭의 보스일 뿐이다.

이 책은 리더십과 관련한 이론을 다룬 책이 아니다. 대의를 좇고 대의의 방향으로 조직을 이끎으로써 조직의 안녕과 발전을 꾀하는 사람만이 리더라는 전제하에, 그런 사람들이 갖는 마음가짐이 어떠해야 하는가에 관한 것이다.

〈동아비즈니스리뷰(DBR)〉에 25편의 글을 연재한 적이 있다. 평소에 기업의 일원으로 일하면서 생각하고 느낀 것들을 추리고, 거기에 나 스스로 좀 더 공부하고 싶은 것들을 더해, 쓰고자 하는 글의 목록을 만들었다. 글을 쓰면서 그 목록을 계획표 삼아 좀 더 체계적으로 공부할 수 있었다. 그렇게 쓴 글들은 기업에서 일을 하는

나 자신에게 '(제대로 된) 마음가짐'을 다잡아주는 자경문(自警文)이 되었고, 경영을 더 잘해보고자 애쓰는 이 시대의 동료들에게 건네고 싶은 주인 의식과 청지기 의식에 대한 제안서(提案書)가 되었다.

그런데 다시 정리하면서 읽다 보니, 분명하고 명확한 것도 의심해야 한다. 최선을 추구하는 것도 문제가 있다. 완벽을 기하는 태도에 대해서도 다시 생각하자. 등등 내가 말하는 내용에 독자들이 혼란스러울 수 있겠다는 생각이 들었다. 그런데 그것이 바로 내가 전하고자 하는 메시지다. 지금까지 옳다거나, 바른길이라고 생각했던 모든 것들을 당연하게 생각하지 않고 한 발짝 더 나아가는 것이 리더가 해야 할 일이 아닐까? 도를 도라고 부르는 순간, 그것은 더 이상 도가 아니다. 단지 도그마일 뿐이다.

이런 생각으로 〈DBR〉에 실렸던 글들에 기초해서 시간의 흐름에 따라 낡거나 적절치 않게 된 사례와 내용은 새로운 것으로 바꾸고, 필요한 내용을 일부 추가해서 생각의 흐름이 자연스러워지도록 순서를 바로잡아 다시 엮었다. 일부 전작《포용의 힘》에 실린 내용은 가급적 뺐지만, 글의 주제와 흐름을 위해 꼭 필요한 내용은 남겨두었다. 경영의 좋지 않은 사례들을 셀 수 없이 목격하게 되는 요즘, 그렇다면 경영을 위한 '제대로 된 마음가짐'은 과연 어떤 것인지 함께 생각하는 계기를 만들어보자는 것이, 이미 발표된 글들을 다시 묶고 고쳐 책으로 내는 이유이다.

상당 기간 휴교와 정치적 상황으로 혼란스러웠던 1980년의 대학 신입생 시절 학교에서 배웠던 경영학의 내용 가운데 지금까지 기억에 남는 것은 두 가지다. 하나는 기업을 지속성을 가지는 실체로 보는 '계속 기업(Going Concern)'의 개념이고, 다른 하나는 기업의 '수익(Revenue)'이란 벌어들이는 돈이 아니라 생산해서 외부에 제공하는 '산출(Output)'이라는 개념이다. 이 두 개념을 접하고 나서 기업에서 일하는 것이 보람 있을 수 있겠다고 생각했다.

이후 대학을 졸업하고 35년 이상을 SK라는 한 기업에 몸담아 오면서 나름 자부심과 소명의식을 가지고 일했고, 많은 것을 배우고 얻었다. 물론 힘들고 고민스러운 시간과 실수와 잘못들도 없지 않았다. 그럼에도 불구하고 무엇보다도 대체로 행복했다. 그 과정에서 배우고 느낀 경영에 대한 마음가짐을 내 나름대로, 시작하는 마음, 방향을 잃지 않고 넓게 아우르는 마음, 제대로 실행하는 마음, 변화에 대처하는 마음, 지속 또는 마무리하는 마음으로 나누어 정리했다. 이 내용들이 이 시대의 리더들로 하여금 세상이 조금이라도 더 나아지도록 기여하는 데, 그리고 그들 스스로 더 행복해지는 데 약간의 도움이라도 될 수 있다면, 내가 누렸던 행복에 대한 미미한 보답이 될 수 있지 않을까 생각한다.

차례

CHAPTER 1

간절하게 시작하기

······

내 마음 속 간절한 소망을
꽃으로 피워내고 싶다

(용혜원, 〈봄비〉中에서)

시작'은' 반이다
돌 로 끓 인 국

"시작이 반이다."라는 말이 있다. 어
렸을 때 참 이해가 되지 않았던 말이다. 이제 막 시작한 일이 절반
이 되려면 아직 멀었는데 왜 시작이 반이라고 할까? 일단 시작만
해도 절반에 이른 것이라면 시작을 두 번 하면 끝일까? 그러다가
언제부턴가 이렇게 생각하기로 했다. "세상에는 되는 일이 절반이
고 안 되는 일이 절반인데, 되든 안 되든 모든 되는 일에는 반드시
시작이 있으니까 시작하면 반은 된다. 그러니 뭔가 되게 하려면 망
설이지 말고 일단 시작해라." 얼추 맞는 해석일지 모르겠다. 이 말
은 원래 고대 그리스의 철학자 아리스토텔레스가 했다는데, 영어
로 쓰면 "Well begun is half done."이 된다. 중국 명나라 시대 홍자

성(洪自誠)이 쓴 《채근담(菜根譚)》에도 "쉬워 보이는 일도 해보면 어렵고, 못할 것 같은 일도 일단 시작하면 이루어진다."는 말이 있다니까, 동서고금을 가리지 않고 이럴까 저럴까, 할까 말까 망설이지 말고 일단 시작하라고 부추기는 것 같다.

유럽의 여러 나라에 내용은 조금씩 다르지만 '돌국(Stone Soup)'에 대한 이야기가 전해져 내려온다. 나는 이 이야기를 복잡성이론을 다룬 어떤 책에서 읽었는데, "시작이 반이다."라는 말에 옛 조상들의 깊은 지혜가 담겼을 뿐 아니라, 현대의 최첨단 물리학에 비추어서도 충분한 근거가 있고, 곱씹어 생각할 부분이 많다는 것을 깨달았다. 내용은 대충 이렇다.

중세시대쯤 되는 옛날 동유럽에 심한 기근이 들었다. 인심이 몹시 흉흉해져서 사람들은 친한 이웃들끼리도 먹을 것을 숨기고 없는 척 나눠주지 않았다. 그러던 어느 날, 별로 굶주려 보이지도 않고 인상도 넉넉한 나그네 한 사람이 마을을 지나가게 되었다. 마을 사람들은 이 사람을 경계하고 먹을 것은커녕 쉴 곳조차 내주지 않으려 했다. 나그네는 거의 포기한 듯 마을 광장으로 발걸음을 옮기면서 혼잣말을 중얼거렸다. "오늘은 좋은 자리를 잡아서 돌국을 맛있게 끓여야 할 텐데……." 그 얘기를 들은 사람들이 귀를 쫑긋하고 눈이 휘둥그레져서 말을 퍼뜨렸다. 돌로 국을 끓인다는 소문은 삽시간에 마을 전체로 퍼졌고, 이윽고 마을 광장 한 켠에 자리잡은 나그네 주위에 많은 사람들이 모여들었다. 그는 가방 속에서 솥단지와 아주 잘 포장된 상자 하나를 꺼냈다. 먼저 솥을 걸고 물을 끓이더니 상자에서 매끈하게 생긴 돌멩이 하나를 꺼내 과장된 몸짓을 섞어가며 끓는 물 속에 집어넣었다. 잠시 시간이 흐른 후 그는 "자, 여러분께 맛있는 돌국을 대접하겠습니다." 하고 소리치며 요란한 의식과 함께 물을 국자로 휘휘 저었다. 그러면서 남들이 알아들을 만한 목소리로 "아, 여기 양배추를 좀 넣으면 정말 맛있을 텐데……." 하고 중얼거렸다. 얼이 빠져서 구경을 하던 어떤 사람이 집으로 달려가 숨겨 놓은 양배추를 들고 왔다. 양배추를 받아서 툭툭 썰어 넣은 사내는 다시, "아! 여기에 쇠고기를 조금만 넣어도 왕의 식사가 부럽지 않게 맛있어질 텐데……." 하고 좀 크게 중얼거렸다. 그러자 푸줏간 주인의 아내가 냉큼 집으로 달려가 그 귀한 고기를 한 토막 베어 왔다. 곧 고기가 솥 안에 넣어지고, 비슷한 방법으로 양파, 당근, 후추 등이 연이어 솥 안으로 들어갔다. 국이 완성되자 사내는 돌을 꺼내 상자에 조심스럽게 다시 집어넣고 그 국을 동네 사람들과 함께 맛있게 나눠 먹었다. 동네 사람들은 사내가 떠난 후, 그리고 기근이 지나고 난 다음에도 한참 동안 그 신기한 돌국 이야기를 신나게 떠들어댔고, 그 돌이 가진 효능에 대해 궁금해했다고 한다.

우리는 돌국에 집어넣은 돌이 사실은 아무것도 아닌, 그냥 '돌'이었음을 짐작할 수 있다. 그러나 그 돌과 함께 모든 것이 시작되었다. 일단 시작이 되자 국은 어쨌거나 완성되었다. 과연 '시작이 반'이라고 할 만하다. 그런데 생각해볼 만한 문제가 하나 있다. 나그네가 돌이 아니라 양배추 한 포기 또는 당근 한 뿌리를 가지고 국을 끓이기 시작했다면 과연 국이 제대로 끓여졌을까? 그렇지 않았을 것이다. 나그네는 보통의 재료로 아무나 만들어 먹을 수 있는 국이 아니라 돌로 국을 끓이겠다고 했다. 그것이 마을 사람들의 마음에 먹혀들었고, 그들의 관심과 호기심을 붙잡을 수 있었기 때문에 다음 과정이 계속 진행된 것이다. 복잡성이론에 비추어보면 국에 들어간 돌은 '특이점, 또는 변곡점'에 해당한다. 평범한 한 지점(양배추나 당근)이 아니라 바로 그 특이점(돌)을 지날 때 무언가가 시작된다. 다시 말하자면 시작이 되었느냐, 아니냐는 바로 그 특이점이 있느냐, 없느냐에 달려 있다.

　　　　　사람들은 늦은 나이에 무언가 새로운 시작을 해서 뛰어난 경지에 이른 분들을 존경한다. '찔레꽃'으로 유명한 소리꾼 장사익은 막노동을 포함해 온갖 궂은 일을 하다가 마흔다섯의 나이에 데뷔무대를 가졌다. 그의 노래를 들으면 듣는 이의 아픔과 슬픔이 모두 어루만져지고 가슴이 뻥 뚫리는 듯한 느낌을 받는다. 소설가 故 박완서는 습작기간을 전혀 거치지 않고 나이 마흔 살에 장편소설《나목》을 발표하며 문단에 등단했다. 첫 작품을 발표하기 전까지 평범한 가정주부였던 그는 수많은 작품을 발표하고, 한국 문단을 대표하며 한국문학의 성숙을 이뤄낸 작가 라는 평을 받았다.

소리를 하거나 소설을 쓰기 전 그들의 생애는 언뜻 보잘것없이 평범해 보인다. 그런데 그들이 새로운 시작을 한 그 순간이 아주 우연히 찾아왔을까? 어느 날 잠을 자고 일어나서 문득 이유를 알 수 없는 충동에 이끌려 결심을 하게 된 것일까? 그 전에 아무런 노력이나 축적이 없이, 가슴 속에 쌓아 둔 이야기나 흥얼거림도 없이 그렇게 된 것일까? 그랬다면 그들의 얘기에서 우리가 어떤 감동을 받지도, 그들을 크게 존경하지도 않았을 것이다. 그런데 무언가 있었다. 그들의 데뷔는 우연적인 사건이 아니라 그 전에 응축된 그 무언가가 형태를 바꿔 세상에 보여진 특이점이었다.

미국의 '모지스 할머니'(Grandma Moses, 1860~1961)는 놀랍게도 76세라는 나이에 그림을 그리기 시작해서 101세에 세상을 뜰 때까지 25년 동안 그린 그림으로 미국인들로부터 '국민 화가'라는 호칭을 얻은 분이다. 그의 그림이 세상에 알려진 것은 할머니의 나이가 80세가 다 되었을 때 시골을 떠돌던 한 그림 수집상에 의해서였다. 1949년 해리 트루먼 대통령은 그녀에게 '여성 프레스클럽 상'을 선사했고, 1960년 넬슨 록펠러 뉴욕주지사는 그녀의 100번째 생일을

'모지스 할머니의 날'로 선포했다. 모지스 할머니는 시골 풍경을 주로 그렸는데, 아주 단순하면서도 밝고 따뜻한 느낌의 그림이라 누구든지 얼굴에 미소를 머금게 된다고 한다. 할머니의 밝은 심성을 반영한 것이 아닐까 생각된다. 할머니는 가수 존 덴버의 노래로 유명한 셰난도 계곡에서 작은 농장을 꾸리며 살아가는 평범한 시골 주부였다. 열 명의 자녀를 출산했는데, 그중 다섯을 잃은 후 슬픔을 견디기 위해 자수(刺繡)에 푹 빠졌다고 한다. 그런데 나이가 들어 관절염 때문에 자수바늘을 들기 힘들어지자 대신 붓을 들고 그림을 그리기 시작했다. 사람들은 할머니가 그림을 그리기 시작한 나이에 주목하지만, 그 전에 할머니의 가슴 속 깊은 슬픔과 자수를 통한 세상과의 화해 노력, 그리고 어려움 속에서도 밝게 살고자 애썼던 시골 생활을 이해할 필요가 있다. 그림 그리기의 시작은 그런 것들이 축적되고 응결되어 꽃을 피운 특이점이었다.

특이점을 지나기 위해서는 에너지든 사람의 노력이든 많은 축적이 필요하다. 특이점은 그렇게 축적된 것이 새로운 형태로 변해서 발현되는 지점이다. 물에 열을 가하면 온도가 올라가지만, 어느 순간 더 이상 온도가 올라가지 않고 잠시 동안 아무것도 달라지지 않는 것처럼 보인다. 그러다가 갑자기 끓어서 수증기로 날아가기 시작한다. 일단 수증기로 변한 물의 온도를 더 높이는 데에는 그다지 많은 열이 필요치 않는다. 액체 상태의 물이 수증기로 변하는 지점, 수증기가 되어 날아가기 시작하는 지점, 바로 그곳이 물이 기화하는 특이점이다. 열을 가하는 것 외에 물을 끓이기 위한 다른 방법으로는 압력을 떨어뜨리면 된다. 다시 말하면 물이 처해 있는 환경이 크게 변하면 물은 새로운 시작을 얻게 된다. 이처럼 모든 새로운 시작에는 많은 에너지 또는 환경의 현저한 변화가 필요하다. 그래서 시작이 어려운 것이다.

"시작이 반이다." 또는 "실패는 성공의 어머니"라는 말로 시작과 새로운 시도를 부추기고 다그치는 경우가 많다. 그러나 그것만으로 될까? 아직 끓지 않고 있는 물에게 왜 빨리 수증기가 되지 않느냐고 다그치는 것은 아무 소용이 없다. 새로운 시도를 위한 에너지를 축적할 수 있도록 여건을 조성하고, 새로운 시도를 어렵게 만드는 여러 환경적인 압력을 낮춰줘야 한다. 새로운 시도가 얼마나 어렵고 힘든 일인지 이해하고, 제도나 규정뿐 아니라 조직문화를 바꾸기 위해 노력해야 한다.

많은 기업에서 구성원들의 창의성과 변화를 이끌어 내기 위해 여러 가지 노력을 하고 있지만, 여전히 구호 차원에 머무는 경우가 많다. 새로운 시도를 장려한다며 소위 '의미 있는 실패'에 대해 포상을 할 테니 보고서를 제출하라는 식이다. 이런 방식은 환경적인 압력을 오히려 늘리는 것이다. 새로운 시작이 아니라 보고서를 잘 쓸

궁리를 먼저 하게 된다. 또는 '잘 되면 내 성과, 안 되면 회사 비용'이라는 식의 모럴 해저드에 가까운 엉뚱한 시도만 부추길 수 있다.

새로운 시작을 하는 것은 무턱대고 결심한다고 되는 것이 아니다. 매우 어려운 일이다. 고려해야 할 변수와 앞으로 일어날 일의 경우의 수는 많고 전망은 확실하지 않다. 무언가를 시작하기 위해 지금의 상태와는 달라져야 하는데, 그것은 익숙한 것을 버리는 것일 수도 있고, 기득권을 내려놓는 일일 수도 있으며, 따뜻한 냄비 안에서 목욕을 즐기다가 차가운 바깥 세상으로 뛰쳐나오는 것일 수도 있다. 단호한 결단과 함께 많은 에너지, 그리고 환경적인 배려가 필요하다. 기업에서는 구성원들의 변화를 단순히 이용하려는 것이 아니라, 그것을 돕고 함께 발전하겠다는 진정성과 조직 상층부의 자기 희생을 통한 솔선수범이 반드시 수반되어야 한다.

시작한 후의 어려움과 그것을 헤쳐 나가는 노력도 중요하지만, 시작하기 전에 갖춰지고 준비되어야 할 것들도 마찬가지로 중요하다는 점에서 시작은 중간에 있는 것이다. 아무것도 없는 상태에서 막 벗어난 지점이 아니라 알게 모르게 필요와 욕구가 쌓이고 그것들이 응축되어 특이점이 만들어지는 지점, 그 특이점을 지나야 비로소 시작이다. 그래서 시작만으로도 대단한 것이며, 무언가를 시작한 사람들은 존중받아야 마땅하다. 시작'은' 반이다.

간절해야 이룬다

푸 석 돌 에 불 난 다

시작할까 말까 하는 망설임이 혹시 실패하지 않을까 하는 두려움 때문이라면, 그때는 "시작이 반"이라는 말이 맞다. 일단 시작하면 지금은 알 수 없는 제3의 힘이 나를 도울 수도 있고, 일을 해 나가는 과정 속에서 어려움을 헤쳐 나갈 힘을 만들어 낼 수도 있다. 그런데 새로운 시작에는, 정말로 그것을 원하는가? 그 새로운 시작을 위해 필요한 에너지를 자기 안에 충분히 비축하고 있는가? 또는 변화한 환경이 거역할 수 없게 새로운 시작을 이끌고 있는가? 이런 질문들이 더 필요하다. '간절함'에 대한 질문들이다. 심지어는 자기가 가진 것뿐 아니라 자기 자신까지 버리고 희생할 준비가 되어 있어야 한다. 간절함이 없으면 새로운 시작은 시작하는 것이 아니라 그냥 시작되는 것이다. 그냥 시작된 것을 위해서는 어려움을 이겨내거나 변화의 결과를 지속시킬 힘이 생기지 않는다.

한 해가 시작되면 사람들은 새로운 목표와 계획들을 세운다. 아무 계획도 없이 닥치는 대로 일을 하는 것보다는 계획을 가지고 일을 하는 것이 훨씬 효율적이기 때문이다. 계획은 시간과 자원을 배분할 수 있게 해주고, 원래 의도한 대로 일이 제대로 진척되어 가는지 그렇지 않은지 알 수 있게 해주며, 제대로 되어 가지 않을 때 적절하게 행동을 수정하게 해주고, 일을 마친 후 나중에 더 잘하기 위한 반성도 가능하게 해준다. 그래서 어떤 일을 시작할 때 사람들은 계획을 세우고, 특정한 일이 아니어도 시간을 나누어서 인위적으로 시작과 끝을 정하고, 그 시작 지점에 해당 기간을 위한 계획을 세우는 것이다.

그리고 계획을 세울 때는 가장 먼저 목표를 정한다. 학생들이 공부 계획을 세울 때는 성적이나 상급학교 진학에 대한 목표를 먼저 정하고, 가정에서 수입과 지출을 계획할 때는 행복한 생활의 기초이자 더 나은 삶의 터전이 될 집을 어느 수준에서 언제까지 장만하겠다는 등의 목표를 먼저 세운다. 가정을 꾸리고, 2세를 갖고, 사업체를 세우고, 학위를 따고, 작품을 만들고, 진급을 하고, 건강을 유지하거나 회복하는 등의 온갖 목표가 갖가지 계획들의 기초가 되고 시발점이 된다. 기업이나 정부 조직, NGO와 같은 각종 조직들도 마찬가지다. 일의 우선순위를 정하고 자원을 할당하기 전에 목표를 먼저 설정한다.

경영학의 대가 피터 드러커(Peter Drucker)는 1954년 '목표관리법(Management by Objectives, MBO)'을 창안하여 학계와 기업들에 소개했다. 그전까지 종업원의 과업 목표를 조직과 상사가 일방적으로 제시했다면, MBO는 종업원이 상사와 함께 목표를 설정하고 실행한 후 이에 대한 성과도 역시 종업원과 상사가 함께 평가하는 제도다. 많은 기업들이 MBO를 도입, 활용함으로써 크게 성과를 올릴 수 있었다. 그런데 이 제도는 단순히 목표를 세우고, 그 달성 여부를 평가하고, 공과를 나누는 데 그치는 것이 아니다. 조직목표와 개인목표가 잘 연계되도록 하고, 참여자에게 목표달성을 위한 구속성과 참여의식을 유발하여 강력한 동기부여가 이루어지도록 하며, 조직 내 구성원 간의 활발한 의사소통과 목표달성을 위한 일체감 형성이 가능하도록 했다. MBO의 긍정적인 효과는 크게 인정받았다.

피터 드러커는 목표를 설정할 때 꼭 필요한 다섯 가지 원칙을 도출했는데, 그것들의 머리글자를 따서 'SMART' 원칙이라고 불렀다. 즉, 목표는 구체적이어야 하고 (S, Specific), 측정 가능해야 하며 (M, Measurable), 달성 가능하면서도 도전적이어야 하고 (A,

Achievable), 결과 지향적이고 (R. Results - oriented), 특정한 시간, 가급적 1년 이내에 처리할 수 있어야 (T. Time - bound) 한다. 이를 한마디로 요약하면, '개인의 자율성에 의해 통제 가능한 목표'가 되어야 한다는 뜻이다. 이를 통해 목표실행의 수단도 직접 결정하고, 실질적인 세부계획을 개발할 수 있으며, 개인이 직접 성과를 주기적으로 검토함으로써 필요한 방향으로 행동을 수정하고, 미래의 성과를 향상시킬 수 있는 계기를 마련할 수 있다.

사실 피터 드러커 이전에도 기업들은 목표를 세웠고, 계획을 작성했다. 그런데 왜 피터 드러커와 MBO가 그렇게 각광을 받았을까? 처음으로 행동의 주체인 개인들을 목표설정에 참여시켰기 때문이다. 조직의 일이라는 것도 실제로는 그것을 행하는 각 개인들에 의해 이루어진다. 조직의 목표라고 해도 개인들의 참여에 의해 직접 설정한 것이 해당 개인들의 적절한 행동을 유발하는 데 훨씬 효과적이다. 즉, 개인들의 행동에 얼마나 직접적인 영향을 제대로 미칠 수 있느냐 하는 것이 목표설정에서 가장 중요한 점이다. 그런데 사람들을 움직이는 가장 큰 원동력은 '간절함'이다. 아무리 'SMART'의 요건을 잘 갖추고 있다고 하더라도 각자의 개인들에게 간절함이 떨어지는 목표로는 효과를 크게 기대하기 어렵다.

"푸석돌에 불난다."는 속담이 있다.

단단하지 않고 푸석푸석한 돌도 부싯돌이 되어 불을 일으킬 수 있는 것처럼, 바라는 바가 간절하면 불가능해 보이는 일도 이루어질 수 있다는 뜻이다. 연못에 돌멩이 하나를 던져 놓고 찾으라고 하면 찾을 수 있는 사람이 거의 없을 것이다. 그런데 돌멩이가 아니라 조약돌만 한 다이아몬드 한 조각이 연못에 빠져 있다고 하면 어떨까? 그 다이아몬드 한 조각으로 며칠간 배를 곯고 있는 식구들을 먹일 수 있다거나, 등록금 때문에 대학 진학을 포기하려는 자식을 둔 가장이라면 기어코 찾아낼 것이다. 간절함은 들리지 않는 소리를 듣게 하고, 눈에 띄지 않는 것을 찾아낼 수 있게 하며, 머리칼 한 올이 몸에 닿는 것도 느낄 수 있게 한다. 넘을 수 없는 담장을 뛰어넘을 수 있게 하고, 먼 거리를 한달음에 달릴 수 있게 하며, 기억 속에 깊이 묻혀 있던 것들을 떠올릴 수 있게 하고, 도저히 해낼 수 없을 것 같은 복잡한 계산도 가능하게 한다. 이런 일들은 지금 우리가 갖고 있는 지식과 과학으로는 제대로 설명되지 않을 수도 있다. 그렇지만 우리는 그런 일들이 현실에서 가끔 일어난다는 것을 경험적으로 안다.

아니 어쩌면 이미 과학으로 설명 가능한 일인지도 모른다. 장하석 케임브리지대 교수가 쓴《과학, 철학을 만나다》에 보면, 동서양의 천문 관측 기록의 차이를 다룬 내용이 나온다. 유럽에서는 초신성이나 혜성에 대한 기록이 중세까지 거의 나타나지 않는데, 아리스토텔레스의 이론과 종교적인 영향으로 천상에 있는 것들은 다 완전한 존재라는 관념 때문이었다는 것이다. 변하는 것도 없고, 새로 생기거나 사라지는 것도 없어야 하기 때문에 보이지 않던 별이 엄청난 폭발로 확 밝아지면서 갑자기 새로 보이는 초신성이나 꼬리를 만들며 움직이는 혜성을 보았을 때, 우주의 현상이 아니라 대기 중의 기상현상으로 생각하고 따로 기록하지 않았다는 것이다. 이에 반해 동양에서는 하늘에서 일어나는 일을 길조 또는 흉조와 같이 어떤 의미를 부여할 수 있는 메시지처럼 받아들였기 때문에, 새로운 별이나 혜성을 자세히 기록했다. 이는 다시 말하면 태도나 가치관, 패러다임에 따라 똑같은 현상을 보면서도 어떤 사람은 알아차리고 어떤 사람은 전혀 알아차리지 못할 수 있다는 얘기이다. 과학이 더욱 발전해서 인간의 뇌에 관한 비밀들이 더 많이 풀리면, 간절함이 목표를 달성하는 데 어떤 다른 것보다 더 강한 무기가 된다는 것을 합리적으로 설명할 수 있을지 모른다. 가장 좋은 목표는 간절한 목표라고 할 수 있다. 가장 하고 싶은 일, 가장 간절하게 원하는 일을 먼저 해야 한다.

간절한 소망은 심지어 꿈이 나서서 돕기도 한다. 현대인의 생활을 크게 바꾼 것 중 하나가 지금의 의류산업을 가능하게 한 재봉틀이다. 그 현대적 재봉틀을 발명한 사람은 엘리어스 하우(Elias Howe, 1819~1867)라는 19세기 미국의 떠돌이 기계공이었다. 극심한 가난에 시달리면서 아내가 남의 삯바느질 하는 것을 지켜보던 그는, 바느질을 쉽게 빨리 할 수 있는 기계를 만들어 아내의 고생도 덜어주고 돈도 벌어보려고 밤낮으로 고민하며 연구를 계속했다. 몇 년씩 고심에 고심을 거듭했는데도 계속 실패하던 그가 어느 날 자다가 꿈을 꾸었다.

꿈속에서 알 수 없는 야만인들이 자신을 잡아다 족장 앞으로 데려갔는데, 족장은 당장 바느질 할 수 있는 기계를 만들어 내지 않으면 아주 고통스러운 죽음을 맞게 해주겠다고 호통을 쳤다. 그는 식은땀을 흘리고 손발과 무릎을 덜덜 떨면서 여러모로 애를 써보았지만, 끝내 마지막 빠진 부분 하나를 찾을 수 없어서 결국 기계를 만들지 못했다. 야만인들이 족장의 명령에 따라 그를 처형하기 위해 땅이 푹 꺼진 곳으로 데려갔는데, 그 순간 그들이 들고 있는 창이 눈에 들어왔다. 그 창의 날 부분에 눈 모양의 구멍이 뚫려 있었던 것이다. 바로 그것이 바느질 기계에서 빠진 마지막 부분이었다. 지금까지 바느질을 하던 바늘에는 손잡이에 해당하는 끝부분에 실을 꿰는 구멍이 뚫려 있었는데, 그 바늘로는 재봉틀을 만들 수 없었다. 바로 잠에서 깨어난 그는 한달음에 작업장으로 달려가 심 쪽에 구멍이 뚫린 바늘을 만들었고, 그 바늘을 장착해서 결국 재봉틀을 만드는 데 성공했다. 이 이야기에서 꿈은 그저 우연히 찾아온 행운이었을까, 아니면 간절하게 오랜 노력과 준비를 해 온 사람에게 찾아온 보상이었을까?

　　　　　　　　일본에서 '경영의 신'으로 추앙받는
마쓰시타 고노스케(松下幸之助, 1894~1989)는 "나를 키운 것은 가
난과 병약함과 배우지 못한 것"이란 말을 했다. 가난했기에 근검절
약하는 습관을 키웠고, 병약했기에 몸을 단련했으며, 배우지 못했
기에 누구에게서나 가르침을 받으려 했다는 것이다. 다른 사람들
보다 부족했던 결핍의 조건들이 모두 절실하게 작용해서 그를 일
으켜 세우고, 남보다 더욱 노력하게 만들고, 마침내 그의 모든 것
을 이루게 했다.

　개인, 기업들만이 아니라 국가 차원에서도 비슷한 예를 찾아볼
수 있다. 우리나라는 일제강점기의 수탈과 6.25전쟁으로 인한 폐허
속에서 보릿고개를 없애겠다는 간절한 열망으로 경제를 일으켜 세
계 10대 경제 대국을 내다보게 되었다. 싱가포르는 1965년 영국으
로부터 독립할 때, 자신들의 나라에는 물도 자원도 없기 때문에 독
자적으로 생존할 수 없다는 생각으로 1957년에 먼저 독립한 말레
이시아와 합병을 원했지만, 말레이시아로부터 거부당했다. 이처럼
버려진 나라로 출발한 싱가포르는, 지금은 동남아시아의 진주라고
불리며, 그 지역의 중심 허브(Hub) 역할을 하고 있다. 덴마크는 바
람이 심하게 불고, 얼었다 녹기를 반복하는 황무지 위에 세워진 나

라지만, 지금은 세계에서 가장 선진적인 농업국가이자 생명과학을 이끌어가는 나라가 되었다. 이들은 모두 열악한 조건에서 그 결핍으로 인한 절박함을 원동력 삼고, 간절한 소망으로 바꾸어 실현시킨 나라들이다.

이처럼 간절함은 결핍에서 온다. 자기가 잘되기를 바라는 간절함은 자기 안의 채워지지 않은 결핍에서 오고, 자기가 아닌 남이나 자기가 속한 더 큰 공동체가 잘되기를 바라는 간절함은 남이나 공동체의 결핍을 자신을 통해 또는 자신을 바쳐서 채우고자 하는 사랑의 마음에서 온다. 어느 쪽이든 바탕은 결핍이다. 물론 없는 결핍을 일부러 만들 필요는 없다. 또 결핍은 추한 욕망의 모습으로 발현될 수도 있다. 그래서 연민과 공감을 통해 주변에서 찾아낸 결핍을 긍정적인 소망으로 바꾸려는 의도적인 노력이 필요하다.

많은 사람들이 목표와 계획을 세울 때 막연히 이루어졌으면 좋겠다는 정도로 그치는 경우가 많다. 그런 목표와 계획은 '아니면 말고'와 같은 것이다. 그 정도의 시시한 것들을 위해 우리 몸과 마음은 최선의, 그리고 최대한의 자원을 할당하지 않는다. 당연히 그 결과는 '아니어서 마는' 것으로 끝난다. 이솝 우화의 배가 덜 고픈 여우는 그런 것들을 가리켜 '신 포도'라고 했다. 목표를 달성하고 싶으면 가장 간절하게 원하는 것을 목표로 삼아야 한다. 그래서 한 해, 한 학기 또는 인생의 중요한 한 시기를 시작할 때 가장 먼저 떠올려야 할 질문은, '내가 진정으로 하고 싶은 일이 무엇인가? 내가 가장 간절하게 원하는 것이 무엇인가?'이다. 조직의 경우 리더들은 '구성원들 각자에게 절실하게 느껴질 수 있는 소망이 무엇인가? 가슴 속에 뜨겁고 간절한 열망으로 자리잡을 수 있는 것이 무엇인가?'라는 질문에 대한 답을 찾아야 한다. 'SMART'한지 그렇지 않은지는 그다음 문제다.

역지사지

여 우 와   두 루 미

때로는 결핍이 있는데도 알아차리지 못하는 경우가 있다. 나의 결핍은 쉽게 느끼지만 남의 결핍을 알기는 어려운 것이 사실이다. 간절한 시작은 나의 결핍만이 아니라 남의, 이웃의, 우리의 결핍에서 시작될 수도 있다. 그것을 얼마나 나의 것으로 느낄 수 있느냐가 문제다. 공감, 연민, 감수성 등으로도 부를 수 있는 그 능력을 여기서 일단 '역지사지(易地思之)'로 부르자.

역지사지는 원래 《맹자(孟子)》의 '이루편(離婁編)'에 나오는 "역지즉개연(易地則皆然)"에서 유래된 것으로, '처지를 바꾸어 놓아도 모두 그렇게 하였을 것'이라는 뜻이다. 중국 하나라의 우(禹)임금과 순(舜)임금 시절 농업을 관장했던 후직(后稷)은 태평성대에 살았으며, 공자(孔子)의 제자인 안회(顏回)는 전혀 다른 세상인 난세에 살았다. 맹자는 안회도 태평성대에 살았다면 우임금이나 후직처럼 행동했을 것이고, 우임금과 후직도 난세에 살았다면 안회처럼 행동했을 것(禹稷顏回同道 禹稷顏子易地則皆然)이라며 '처지가 바뀌면 모두 그러했을 것'이라고 표현한 것이다. 역지사지의 반대말은 '무슨 일이든 자기에게 이롭게 생각하거나 행동하는 것'을 뜻하는 '아전인수(我田引水)'라고 할 수 있다. 역지사지는 상생(相生)의 길이요, 아전인수는 상극(相剋)의 길이다.

이솝 우화의 '여우와 두루미' 이야기가 바로 역지사지에 관한 이야기다. 원래는 꾀 많은 여우가 여행에서 돌아온 두루미에게 음식을 대접하겠다며 넓은 접시에 음식을 담아 와서 골탕을 먹였고, 두루미가 나중에 목이 긴 병에 음식을 담아 여우에게 대접함으로써 통쾌하게 복수했다는 이야기다. 그런데 우화에서 전하는 것과 달리, 여우가 꾀가 많은 것이 아니라 남의 입장을 헤아리지 못하고 역지사지할 줄 모르는 아둔한 존재였다고 생각해보자. 외출에서 돌아온 두루미에게 제대로 대접하고 싶은 생각은 있었지만, 두루미의 입장을 미처 생각하지 못하고 자기식대로 넓은 접시에 음식을 담았을 수도 있다. 그렇다면 나쁜 쪽은 두루미다.

우리는 대개 고의성을 기준으로 잘잘못을 따진다. 여우는 모르고 실수를 한 것이지만, 두루미는 알면서도 고의로 여우를 골탕 먹인 것이니까 더 나쁘다고 생각할 수 있다. 그러나 한 번 더 뒤집어서 생각해보자. 여우와 두루미가 행한 행동의 결과는 어쨌든 같았다. 둘 다 상대방을 대접하겠다고 초대해 놓고 상대방이 제대로 음식을 먹을 수 없게 만들었다. 잘 몰라서 남의 입장을 헤아리지 못한 것이나 고의로 남을 골탕 먹인 것이나 결과는 피장파장이다.

어느 대기업 회장이 "한 사람의 천재가 만 명을 먹여 살린다."는 말을 한 적이 있다. 기술과 창의성, 그리고 경영 능력이 뛰어난 인재의 중요성을 강조하고자 했을 것이다. 그런데 물이 없으면 배가 뜨지 못하는 것처럼, 한 사람의 천재를 천재로 만드는 것은 바로 그 만 명이다. 만 명으로 일컬어지는 평범한 사람들이 필요로 하는 것, 그들이 원하는 것이 무엇인지 제대로 알지 못하면 그들을 먹여 살리기 이전에 천재 자신도 먹고살 수 없을 것이다. 만 명과 동떨어진 한 사람만의 생각으로 세상의 이치를 밝히거나, 윤리적인 성공을 거둘 수 있을지는 모르지만 적어도 시장에서는 성공할 수 없다.

《경영학의 진리체계》를 쓴 윤석철 교수는 경영의 기본이 "낮은 곳으로 임하라."는 종교적인 가르침과 같다고 했다. "고층 건물 속의 호화로운 사무실, 고급승용차의 검은 유리창 속에서 가진 자의 오만으로 사는 사람은 일반 소비 대중의 필요, 아픔, 정서를 느끼기 어려울 것이다." 고객이 존재하는 현장에서 그들과 직접 접촉하는 가운데 경영자의 감수성이 형성된다. 나아가 고객이 진정으로 원하는 것을 알아내고 그것을 충족시키기 위해서 노력하는 것이 바로 사업 성공의 비결이고 핵심이라는 것이다.

산업디자이너 패티 무어(Patricia Moore, 1952~)는 '유니버셜 디자인(Universal Design)'의 어머니로 불린다. 유니버셜 디자인이란, 장애의 유무나 연령 등에 관계없이 모든 사람들이 제품, 건축, 환경, 서비스 등을 보다 편리하고 안전하게 이용할 수 있도록 설계하는 것으로, '모두를 위한 설계(Design for All)'라고도 한다. 패티 무어는 유명한 산업디자이너인 레이몬드 로위(Raymond Loewy)의 뉴욕 사무소에서 유일한 여성 디자이너로 일했다. 그런데 어릴 때 그녀는 할머니와 함께 살았었다. 할머니는 나이 들면서 몸이 쇠약해지자 감자 껍질을 벗기는 일, 우유 팩을 여는 일은 물론, 냉장고 문을 여는 일조차 힘들어져서 요리의 즐거움을 포기하다시피 하셨는데, 그것을 보고 무어는 매우 안타까웠다. 어느 날 회의에서 그녀는 관절염을 앓는 사람들도 쉽게 열 수 있는 냉장고 문을 디자인해보면 어떻겠느냐는 제안을 했다가 "우리는 그런 사람들을 위한 디자인은 하지 않는다."는 답을 들었다. 이때 들은 '그런 사람들(Those people)'이라는 말이 그녀의 마음을 아프게 했다. 세상에는 할머니와 같은 사람들이 많은데 그런 사람들을 위한 제품을 개발하려는 디자이너들이 없음을 깨닫고 자신이 직접 그 일을 하기로 결심했다.

1979년, 그녀는 TV방송국 분장사로 일하는 친구의 도움을 받아 자신을 80대 할머니의 모습으로 바꾸고 젊은이 중심의 사회에서 살아보기로 했다. 자신의 몸을 보조기구에 묶어 허리가 굽게 만들고, 머리카락은 흰색 가발로 감췄다. 눈썹도 다시 그리고 진짜 노인처럼 느끼기 위해 자신의 귀를 막아 잘 들을 수 없도록 했고, 특수한 안경을 써서 앞도 잘 볼 수 없게 만들었다. 그렇게 다양한 사회계층의 노인 모습으로 변장을 하고 미국과 캐나다의 100여 군데 도시를 돌아다니며 신체적, 감정적 제약 속에서 젊고 부유한 사람들의 반응을 살폈다. 그녀가 맞닥뜨린 것은 거부, 증오, 그리고 공포였다. 심지어 부랑자들에게 구타를 당해서 심각한 후유증을 앓기도 했고, 평소 친하게 지내던 이웃들조차 낯설게 느껴진 경우도 많았다. 그녀는 이 경험을 통해 세상을 다른 시각으로 볼 수 있었다. 늙는다는 것은 본질적인 문제가 아니었고, 진짜 문제는 다른 데 있었다. 만약 사람들이 감자 껍질 벗기는 기구를 제대로 사용할 수 없다면, 문제는 그 기구를 사용하는 사람이 아니라 그 기구 자체에 있다는 것, 사람들이 힘이 부족해서 문을 열지 못한다면, 문제는 나약한 근력이 아니라 바로 그 문에 있다는 것이었다. 지금도 우리는 수시로 그런 경험을 한다. 무거운 장바구니와 지갑을 양

손에 들고 어린애가 칭얼대는 가운데 현관문의 비밀번호를 누르고 나서도 손잡이를 돌려야 문이 열리거나, 두꺼운 장갑을 끼고 겨울 산을 오르다가 전화벨이 울리는데 접힌 전화기가 펴지지 않거나 수신표시를 누를 수 없어서 전화를 받지 못하는 경우도 있다.

무어의 이 경험은 불편함과 당황스러움에 대한 디자이너로서의 생각을 완전히 바꾸어 놓았다. '장애'란 사람들이 만드는 제품과 건축에 의해 충분히 극복될 수 있는 것이지, 나이나 건강에 의해 결정되는 것이 아니라는 것이다. 그녀가 깨달은 것은, 결핍과 불편, 문제가 있을 때 누군가에게 책임을 씌우는 것이 아니라 바꾸고 개선해야 한다는 사실이었다. 사람들의 불편과 디자인에 관한 그녀의 통찰은 오랫동안 누구도 찾지 못한 엄청난 사업 기회를 만들어 주었다. 이후 그녀는 제너럴 일렉트릭(General Electric), 박스터 헬스케어(Baxter Healthcare), 벨 커뮤니케이션(Bell Communication), 비벌리 엔터프라이즈(Beverly Enterprises), 보잉(BOEING), 캐나다 항공(Canadair), 코닝 글래스(Corning Glass) 등 세계적인 기업들과 손을 잡고 노인 소비자를 배려하는 디자인을 선보여 왔다. 다양한 기업들이 그녀의 도움으로 제품을 개선하고 차별화할 수 있었고, 그 결과 수익을 늘리고 기업을 성장시킬 수 있었다.

사람들이 살아가면서 발생하는 대

부분의 문제는, 서로 이해와 공감이 부족하기 때문이다. 사람들이 자기라는 틀에 갇혀서 바깥세상을 바라보기 때문에 갈등과 오해와 충돌이 생겨난다. 그 틀에서 빠져나와 상대방의 입장에 서서 보면, 분명 세상은 달리 보인다. "알면 이해하게 되고, 이해하면 즐길 수 있다."는 말이 있다. 사람 사이의 일도 마찬가지다. 아무리 티격태격 하던 사이라도 상대방의 입장에 서서 생각하면 상대방을 이해할 수 있게 된다. 이해하고 나면 타협책을 찾거나 윈윈(Win-Win)할 수 있다. 그것이 '역지사지'다.

그런데 타인의 입장에서 생각만 해보는 것은 진정한 역지사지가 아니다. 가장 좋은 방법은 실제로 그 일을 경험해보는 것이다. 그럴 것이라고 추론하는 것과 실제의 경험 사이에는 괴리가 크기 때문이나. 패티 무어는 실제 경험을 통해 역지사지하면서 새로운 깨달음을 얻었고, 그 깨달음을 실천에 옮겨 큰 성공을 거두었다. 진화심리학자 스티븐 핑커(Steven Pinker)는 《우리 본성의 선한 천사(The Better Angels of Our Nature)》에서 우리가 가져야 할 적합한 이상은 "네 이웃과 적을 사랑하라."고 막연히 얘기하는 것이 아니라 "네 이웃과 적을 죽이지 마라. 설령 그들을 사랑하지 않더라도."가 되어야 한다고 했다. 즉 약한 사람들, 가지지 못한 사람들, 핍박받는 사람들의 처지에서 생각하고 경험해보는 것으로 그치는 것이 아니라, 그들을 위해, 그들과 함께 살아가기 위해 할 일을 찾고 해

내는 행동으로 바꿔야 한다는 것이다.

사람들은 대개 역지사지의 사고와 태도가 모두에게 유익하다는 것을 인정한다. 그런데 가만히 보면 자신은 아전인수의 길을 가면서 상대에게만 역지사지를 요구하는 경우가 많다. 내가 약속시간에 늦으면 차가 막혀서 그런 것이고, 남이 약속시간에 늦으면 무책임하기 때문에 그런 것으로 생각한다. 현대사회에서 역지사지를 실천한다는 것이 물론 쉬운 일은 아니다. 사회가 점점 커지고 복잡해지고 사람들의 생각과 행동은 빨라진다. 사람들은 점점 자기중심적으로 변해 가고, 역지사지의 여유를 부리다가 나에게 불이익이 올지도 모른다는 불안감이 크다.

그러나 상대방의 입장에 선다는 것이 단지 상대방에게 양보하기 위한 것만은 아니다. 내 문제를 해결하기 위한 방법이 되기도 한다. 말을 잘하는 사람은 자기가 하는 말이 상대방의 귀에 어떻게 들릴지를 항상 염두에 두는 사람이라고 한다. 그리고 훌륭한 판매원이나 협상가는 상대방의 문제를 잘 듣고 해결해줄 줄 아는 사람이라고 한다. 상대방의 처지나 입장에서 생각하는 역지사지는 새로운 제품을 만들어 내기도 하고, 새로운 산업을 일으키기도 하며, 기업이 손실을 줄이고 큰 이익을 만들어 내는 바탕이 되기도 한다. 고객의 입장을 잘 헤아리는 기업은 고객의 사랑을 더 많이 받고 더 많은 매출을 올릴 수 있다.

또 혼자만의 역지사지가 아니라 서로가 서로를 역지사지할 수 있도록 가르치고 도와주고 여건을 만들어주어야 한다. 고객의 입장, 다른 동료들의 입장, 지역사회의 입장을 헤아릴 줄 아는 구성원들이 더 의욕적으로 일하고, 더 좋은 문제해결책을 찾아내며 더 높은 성과를 낸다. 리더가 구성원들에게 목표를 부여하고 무조건 그 목표를 달성하도록 다그치기만 하면, 시야는 좁아지고 역지사지의 능력이 줄어든다. 좋은 리더는 무엇보다도 스스로 구성원들의 입장을 역지사지해야 한다. 그리고 구성원이 역지사지할 수 있는 능력도 함께 키워줘야 한다. 구성원들도 리더의 입장에서 생각할 줄 알아야 함께 발전할 수 있다.

공무원은 시민의 입장에서, 시민은 수고하는 공무원의 입장에서 한번씩 더 생각하고 돌아보게 되면, 결국 모두가 각자의 위치에서 제대로 된 역할을 할 수 있다. 그리고 우리가 사는 사회는 굳이 천재가 없어도 삐걱거리지 않고 아주 잘 돌아갈 것이다. "세상을 바꾸는 가장 쉬운 방법은 나를 바꾸는 것이다."라는 말이 있다. 그런데 나를 바꾸는 가장 쉬운 방법은 남을 받아들이는 것이다. 그리고 남을 받아들이는 가장 쉬운 방법은 입장을 바꿔 보는 것이다. 역지사지는 세상을 바꾸는 가장 쉬운 방법이다.

딜레마라는 기회
박 쥐 의 고 민

뭔가를 제대로 결정할 수 없는 이유는 대개 갈 길이 정해져 있는데 어느 쪽을 선택해도 바람직하지 못한 결과가 나오는 딜레마(두 개의 선택지가 있는 경우 딜레마(dilemma), 세 개일 경우 트릴레마(trilemma) 등으로 부르지만, 편의상 모두 딜레마로 칭한다.) 때문이다. 추운 겨울에 고슴도치들은 체온을 나누기 위해 서로 붙어 있으려고 하는데, 너무 가까이 가면 가시에 찔리고 너무 멀리 떨어져 있으면 추위를 견디기 어렵다. 독일의 철학자 쇼펜하우어의 단편 에세이집 《여록과 보유(Schepenhauer's Parerga und Paralipomena)》('쇼펜하우어의 인생론' 또는 '쇼펜하우어의 철학에세이'라는 제목으로 번역되어 있다.)에 나오는 이야기다. 또 아프리카 초원의 초식동물이 고개를 숙이고 열심히 풀을 뜯어 먹으면 사자나 치타의 먹이가 되기 쉽다. 그렇다고 고개를 들고 육식동물이 어디서 오는지 계속 감시만 하고 있으면 굶어 죽을 수밖에 없다. 이렇듯 우리 주변에는 딜레마에 해당하는 상황이 널려 있다. 신문이나 TV 뉴스에는 외교적 딜레마, 도덕적 딜레마, 환율정책의 딜레마 등의 얘기가 끊이지 않고 나온다.

사실 인생은 딜레마의 연속이다. 맛있는 음식을 너무 많이 먹으면 비만을 걱정해야 하고, 안 먹자니 가장 큰 즐거움을 포기하는 셈이다. 공부를 열심히 해야 좋은 대학에 갈 수 있는데, 친구들과 어울리지 않으면 외톨이가 되기 쉽고, 외톨이가 되면 학교생활이 즐겁지 않기 때문에 결국 공부도 잘되지 않는다. 음악 연주를 정말 좋아하는데, 계속 하자니 돈을 벌 수 있을까 싶고, 포기하고 직장에 들어가면 인생이 즐겁지 않을 것 같다. 몇 가지만 열거했지만 우리는 이 같은 딜레마 상황을 매일매일 맞닥뜨리며 살고 있다. 어떻게 해야 할까? 체념하고 적당한 선택을 해서 바람직하지 않은 결과를 받아들이며 우울하게 살아야 할까? 그런 딜레마를 멋지게 벗어날 방법은 없는 것일까?

내 친구 하나는 법률가가 되겠다는 꿈을 안고 사법고시 공부를 열심히 했는데 여러 번 실패했다. 한편 그 친구에게는 오랫동안 사귄 여자친구가 있었다. 나이가 차면서 집안에서 압력을 받는(예전에는 그랬다) 여자친구를 생각하면 결혼을 더 이상 미룰 수 없었다. 결혼을 하자니 가족을 부양할 만한 경제력을 갖춰야 했고, 그러자면 법률가의 꿈을 접어야 했다. 계속 꿈을 좇는 것은 사랑하는 여자친구와의 결혼을 포기하는 것이었다. 인생의 가장 큰 딜레마 상황에 빠진 것이다. 그 친구는 두 가지를 다 포기하지 않는 제3의 길을 찾아냈다. 공부했던 법률 지식을 토대로 당시에는 좀 더 수월했던 토지 관련 분야의 전문자격증 시험에 도전한 것이다. 자격증을 얻어 가족을 부양할 정도의 돈을 벌 수 있게 된 그 친구는 곧 사랑하는 여자친구와 결혼했다. 그리고 시간을 쪼개 계속 사법고시 공부를 했다. 결국 그 친구는 고시에 합격했고, 최초로 해당 전문자격증을 가진 변호사가 되었다. 그 친구는 토지와 관련해서 최고의 전문가가 아닐 수도 있고, 변호사로서 최고가 아닐 수도 있다. 그렇지만 그 두 분야의 교차점에서는 최초이자, 최고가 될 수 있었다. 지금은 성공한 변호사로서 아주 왕성하게 활동하고 있다.

과거에는 적과 동지의 구분을 명확히 해야 했다. 입장을 분명하게 정하지 않으면 이솝 우화에 나오는 박쥐처럼, 새와 짐승들 어느 쪽으로부터도 환영받지 못하고 생존을 위협받았다. 우리가 딜레마에서 빠져나오지 못하는 가장 큰 원인은, 그 상황을 '트레이드오프(Trade-off)' 관점으로만 보기 때문이다. 즉, 서로 상충되는 둘 중, 하나를 선택해야 한다고 생각하는 것이다. 특히 비즈니스 세계에서 경영자들은 숱한 딜레마와 트레이드오프에 마주치게 된다. 경쟁할 것인가, 제휴할 것인가? 시장을 선도할 것인가, 위험을 줄이고 뒤따라갈 것인가? 부품을 자체 생산할 것인가, 협력업체를 통해 조달할 것인가? 종업원들에게 경쟁을 북돋울 것인가, 만족감을 주고 협력을 장려할 것인가? 주주들에게 배당을 늘릴 것인가, 투자를 위해 유보할 것인가? 경영계획을 치밀하게 짤 것인가, 임기응변적 대응을 할 것인가? 등등, 각각의 대안은 절대적인 답이 정해져 있는 것이 아니라 장점과 동시에 한계점을 지니고 있다. 어느 한쪽을 선택하면 얻게 되는 것도 있지만, 잃게 되는 것도 있다.

의사 결정은 포기해야 할 것을 선택하는 일이라고 한다. 어느 한쪽을 과감하게 포기하면 일단 의사 결정이 이루어지고 어쨌든 행동할 수 있다. 이러지도 저러지도 못하면서 아무 행동도 못하게 되지는 않는다. 그러나 그것이 최선일까? 혹시 박쥐는 새와 짐승들을 화해시키고 두 무리가 사이좋게 지내도록 하는 지도자가 될 수는 없었을까? 요즘에는 '코피티션(Co-petition)'이라는 용어가 말해주듯이 과거의 적과도 경쟁과 협력을 동시에 진행하면서 상호 발전을 모색하는 세상이다. 트레이드오프 관계에 있는 둘 이상의 목표를 동시에 잡으려는 노력과 시도가 세상을 변화시키고 새로운 차원의 발전을 이루어 낸다.

나는 트레이드오프라는 용어를 경제학 수업 시간에 처음 들었다. 거시경제를 운용할 때, 실업률을 떨어뜨리려면 물가가 올라가고 물가를 안정시키려면 실업률이 증가하는 상황을 전형적인 사례로 배웠다. 그렇기 때문에 그때그때 상황에 따라 어느 한쪽의 정치적 중요도가 상승하면 다른 쪽을 희생시킬 수밖에 없고, 두 가지의 목표가 양립할 수 없는 이율배반의 관계라는 것이다. 그런데 물가와 실업률을 둘 다 잡을 수 있는 제일 좋은 방법이 아예 없는 것은 아니다. 기술을 발전시켜 공급을 늘리고 새로운 산업을 일으키는 것이다. 물론 시간이 걸리는 일이다. 단기적으로 트레이드오프 상황이라도 장기적, 동태적으로 생각하면 해결책이 있다. 딜레마는 단기적이고 좁은 시야로 문제를 바라보기 때문에 생기는 것이다.

게임이론에서 얘기하는 죄수의 딜레마는 많은 사람들이 알고 있는 가장 유명한 딜레마 중 하나일 것이다. 두 명의 사건 용의자가 체포되어 서로 다른 취조실에서 격리되어 심문을 받는다. 이들은 범행을 자백하느냐에 따라 다음과 같은 상황에 놓이게 된다. 둘 중 한 명이 동료를 배신하고 자백하면 자백한 사람은 즉시 석방되고, 나머지 한 명은 10년형을 선고받는다. 둘 다 서로를 배신하여 자백하면, 각각 5년형씩을 선고받는다. 둘 모두 자백하지 않으면, 둘 다

1년형을 선고받는다. 이 게임의 죄수들은 상대방의 결과는 고려하지 않고 자신의 이익만을 최대화한다는 가정하에 움직인다. 서로 믿고 협력할 경우 서로에게 가장 이익이 되지만, 서로 신뢰하지 못하고 소통할 수 없는 상황에서 각자의 욕심으로 모두에게 불리한 결과를 맞게 됨을 보여준다. 자백하느냐 마느냐의 딜레마는 소통하고 신뢰할 수 있는 방법을 찾아야 해결된다. 서로 상충되는 주어진 답 중에서 고르는 것이 아니라 전혀 새로운 차원으로 해답을 찾는 것이다.

한편, 딜레마에 빠졌을 때 두 가지 답의 적당한 중간치를 해법으로 삼으면 어떻게 될까? 《블랙스완(The Black Swan)》과 《안티프래질(Antifragile)》의 작가 나심 탈레브(Nassim Nicholas Taleb)는, 그런 적당한 중간치야말로 불확실성이 만연한 가운데 예기치 못한 충격이 왔을 때 우리를 늪에 빠뜨리고 나락으로 떨어지게 만드는 주범이라고 말한다. 성공하는 리더와 성공하는 기업은 딜레마에 빠져 있을 때 양자택일, 또는 적당한 중간치를 선택하지 않고 그것을 뛰어넘으려 한다. 오히려 상반되는 두 가지 이상의 차원을 동시에 끌어올리는 방법을 선택함으로써 성공에 이른다. 동태적으로 딜레마 상황을 찾아내고, 거기에서 벗어나 새로운 차원의 해결책을 찾아내는 것이다. 그러므로 어떤 딜레마에 빠졌을 때 우리는 괴로워하고 좌절할 것이 아니라 새로운 기회를 발견한 것으로 간주해야 한다. 딜레마야말로 무엇을 할지 모르는 우리에게 뚜렷한 방향을 제시하는 고마운 존재다. 창조와 혁신을 이끌어 내는 바탕이 되기도 하고, 우리에게 무엇을 하면 성공할 수 있는지 분명하게 가르쳐주는 제일 좋은 교사의 역할을 한다. 딜레마를 해결한다는 것은 누구도 쉽게 도달하지 못한 경지에 오르는 것이기 때문이다.

실제로 그런 기업 사례가 있다. 아웃도어 용품 및 의류를 판매하는 파타고니아(Patagonia)는 창립자인 이본 쉬나드(Yvon Chouinard) 회장의 철학에 따라 환경보호에 앞장서는 모범기업으로 평가받는다. 그런데 의류산업은 옷을 만드는 과정에서 대량의 에너지, 용수, 화학약품, 살충제 등을 사용하고 온실가스 및 수질오염, 폐기물, 해양 미세플라스틱 등을 발생시켜 환경문제를 일으킨다. 한 벌의 면 셔츠를 생산하는 데 대략 2,700리터의 물이 필요한데, 이는 한 사람이 2년 이상 마실 수 있는 양이라고 한다. 또 면화를 재배하기 위해서 사용되는 살충제는 전 세계 사용량의 24퍼센트, 농약은 전 세계 사용량의 11퍼센트를 차지한다. 이는 토양과 수질오염에도 심각한 영향을 미친다. 제품 단가를 낮추기 위해 선택되는 플라스틱 소재의 합성섬유는 잘 분해되지 않아서 토양을 오염시키고 미세플라스틱을 발생시킨다. 이러한 문제들 때문에 파타고니아는 이미 1993년에, 의류업계 최초로 버려진 폐플라스틱 병을 활용해 '리사이클 폴리스에스터 플리스'를 출시했고, "이 재킷을 사지 마세요.(Don't buy this jacket.)" 캠페인을 벌이는 등의 노력을 해 오고 있다. 그러나 무엇보다도 환경에 해를 덜 끼치는 유기농 재료를 폭넓게 사용하고자 노력했다. 그런데 다른 재료에 비해 유기농 재료는 원가가 매우 높기 때문에 사용하면 할수록 다른 업체에 비해 원가경쟁력이 떨어진다. 원래의 재료를 사용하자니 환경을 해치는 일을 계속해야 하고, 유기농 재료를 사용하자니 원가가 높아지고 매출이 감소하는 위험을 감수해야 한다. 환경보호와 원가경쟁력이라는 딜레마에 직면한 것이다.

이에 파타고니아는 12개의 의류패션 브랜드와 함께 '지속가능한 의류연합(Sustainable Apparel Coalition, SAC)'을 조직하고, 2008년에 월마트(Walmart)에게 의류업계의 지속가능경영을 위해 만든 공장평가지수인 '힉 인덱스(Higg Index)'의 활용을 제안했다. 현재 힉 인덱스는 300개 이상의 기업들과 1만여 곳이 넘는 공장들이 활용하는 글로벌 표준이 되었다. 또 2018년부터는 글로벌기업 및 전문가들과 함께 '재생 유기농 연대(Regenerative Organic Alliance, ROA)'를 조직했다. 그리고 토양을 건강한 상태로 되살리고, 동물 복지를 존중하며 농부의 삶을 개선하는 것을 목표로 하여 세계 최고 수준의 유기농 표준인 '재생 유기농 인증(Regenerative Organic Certification, ROC)'을 주도적으로 개발했다. 스스로 개발한 'ROC 컬렉션' 시리즈 제품을 출시하는 한편, 다른 의류업체들도 이에 동참하도록 하여 시장의 구조 자체를 바꾸고 자신들이 맨 앞에 섬으로써 환경보호와 원가경쟁력이라는 두 마리 토끼를 모두 잡고자 한 것이다.

파타고니아의 사례에서 볼 수 있는 것처럼 훌륭한 전략은 상충되는 대안 가운데 조금이라도 더 나은 쪽을 선택하는 것이 아니라 아예 판을 바꾸려는 노력 속에서 나온다. 특히 급변하는 환경에서 그저 알맞은 전략을 선택하려는 노력은 죄수의 딜레마처럼 기업을 옥죈다. 그보다 전략의 유연성에 초점을 맞춰야 하며, 더 나아가 상반되는 전략도 동시에 추구할 줄 알아야 한다.

아프리카 초원의 초식동물 가운데 어느 한 종은 풀을 뜯어 먹는 것과 맹수를 감시하는 것을 동시에 함으로써 생존의 딜레마에서 벗어나겠다고 결심했다. 그들이 고민 끝에 찾아낸 방법은 높은 나뭇가지에 달린 잎사귀를 먹는 것이었다. 맛있는 땅 위의 풀을 편하게 뜯어 먹는 것을 포기하고 목을 높이 치켜올리는 고통을 감수해야 했지만, 그래도 배를 채우면서 맹수를 감시할 수 있었다. 하루하루 그들의 목은 길어졌고, 다른 경쟁자들이 먹을 수 없는 높은 곳의 잎사귀까지도 먹을 수 있게 되었다. 목이 길어지면서 덩치도 커졌고, 그 결과 어지간한 맹수는 걱정하지 않게 되었다. 그들의 이름이 기린이라던가, 뭐라던가?

애매모호한 꿈

책 상 은 책 상 이 다

대학 시절에 페터 빅셀(Peter Bichsel) 이라는 스위스 작가가 쓴 《책상은 책상이다(Kindergeschichten)》라는 짧은 책을 읽었다. 이 책의 주인공 남자는 반복되는 일상에 지루 해하다가 문득 재미있는 생각을 떠올린다. 이 세상 사물들의 이름 을 아무런 규칙 없이 바꿔서 불러보겠다는 것이었다. 침대는 사진 으로, 책상은 양탄자로, 의자는 괘종시계로, 신문은 침대로, 거울 은 의자로, 옷장은 신문으로, 사진은 책상으로 등등. 그는 자기 멋 대로 바꾼 이름을 기억하기 위해 하나하나 공책에 적어 놓고 계속 연습했다. 어찌나 이 일에 열중했던지 그는 다른 사람이 하는 말을 들으면 웃음을 참을 수 없게 된다. 예를 들면 "나는 사진에 앉아 침대를 읽는다."는 식으로 들리기 때문이다. 결국 공책을 보지 않으면 다른 사람들과 의사소통할 수 없게 되었고, 그것이 불편해서 집에만 틀어박히게 되어 결국 자신의 행동을 후회하게 된다는 내용이었다.《책상은 책상이다》는 현대사회에서 의사소통과 소외의 문제를 다룬 우화라고 할 수 있다.

인간은 사회적 동물이다. 공감하고 소통하는 것은 개체로서보다 집단으로서 더 강한 인간 종족이 그 특성을 더욱 강화시키고자 하는 것이다. 사물과 현상에 대해 규정하고, 이름을 짓고, 개념화하는 것도 소통하기 위해서다. 소통을 통한 집단능력의 동원이야말로 인류를 지구의 지배자로 만든 가장 강력한 힘이었다. 소통하지 않으면 개인은 생산활동에 참여할 수 없고, 집단으로부터 소외된다. 따라서 소통하는 것은 인간의 기본적인 속성이고, 기본적인 욕구다. 또 서로 소통되지 않는 개인으로 이루어진 집단은 단순한 무리일 뿐이다. 따라서 동일한 대상에 대해 같게 규정하고, 같은 개념을 갖는다는 것은 아주 중요한 일이다. 사람마다 다르게 규정하고, 다른 개념을 갖게 되면 큰 문제가 생긴다.

1999년 9월, 미국 우주항공국(NASA)이 1억2,500만 달러를 들여 쏘아 올린 무인 화성기후탐사선(Mars Polar Lander 호)이 4억1,600만 마일을 날아서 화성 궤도에 진입한 후 사라져버렸다. 나중에 화성의 극지에서 파편이 발견되어 탐사선은 폭발한 것으로 결론이 났다. 조사 결과 사고 원인은 '단위법 혼동'으로 밝혀졌다. 로켓의 추진력 수치를 탐사신 제작을 맡은 회사는 킬로그램(kg) 단위로 계산했고, 나사 측은 이를 10파운드(lb) 단위로 오해했던 것이다. 결과적으로 탐사선의 추진력이 4.5배 이상 강해져서 화성에 너무 가까이 접근한 것이 문제였다. 나사는 이 사고 이후 미터법만을 사용하기로 결정했다.

한때 한미 자유무역협정(Free Trade Agreement, FTA) 비준동의안이 번역 오류로 인해 철회된 적이 있었다. 만약 우리 기업이 계약 내용을 한미 FTA 한글번역본에 맞게 해석하여 성실하게 물건을 만들어 수출했는데, 미국 기업에서 그 물건이 계약과 다르다는 이유로 대금 지급을 거절한다면 어떻게 될까?

이런 것들은 영어로 표현하면 'Ambiguity'의 문제들이고, 우리말에서는 '애매한' 것들의 사례에 속한다. 한 개념이 다른 개념과 충분히 구별되지 않는 상태다. 그래서 사람들은 단위든 개념이든, 명료하고 구체적이기를 바란다. 대상에 대해 가능한 한 구체적으로 규정하고, 가급적 좁게 세분화해서 명확하게 개념화하려고 노력한다. 한편 지칭하는 대상의 범위가 명확하지 않은 'Vagueness'의 문제도 있다. 우리말로는 '모호한' 것들이다. 예를 들어 대머리나 부자 등의 표현은 그것이 어디부터 어디까지를 나타내는 것인지 불분명하다.

아직까지 한국 영화 가운데 관객동원수 1위를 지키는 영화 '명량'의 주인공인 충무공 이순신 장군의 여러 면모 가운데, 우리가 주목할 부분이 하나 있다. 작가 김훈이 소설《칼의 노래》를 통해 그려낸 것이기도 하다. 충무공은 임금이나 조정의 윗자리에 있는 사람들의 필요나 독려 때문이 아니라 바람과 물결의 방향, 아군과 적군의 군선 및 무기의 규모, 병사들의 배부름과 휴식, 그리고 싸우고자 하는 사기와 훈련의 충분함에 의거해서 전투의 개시 여부와 전술의 방향을 결정했다. 또 그의 일기와 상소에는 사건이 일어난 구체적인 날짜와 시간, 인물들의 됨됨이와 행색, 제반 물자와 관련된 구체적인 수치와 상태 등이 생생하게 기록되었다. 구체적 사실(Facts)에 의거한 전황 판단과 일기와 상소에 나타난 소통의 명료성은, 그가 사실로써 사실을 말하게 하는 냉철함의 표본이었음을 말해준다. 그러면서도 그는 고뇌하고, 안타까워하고, 연민의 정을 갖고, 적에 대해서는 복수심을 불태우는, 살아있는 인간으로서의 양면성을 보여주었다. 충무공의 입장에서 모호하다는 것은 백성을 도탄에 빠뜨리고 임금에게 치욕을 안긴, 무능하고 한심하기 이를 데 없는 벼슬아치들의 속성이었다.

약 10년 전 무상급식과 관련해서 보편적 복지와 선별적 복지 사이의 복지 논쟁이 한창일 때, 당시 이인실 통계청장은 "복지 논쟁 수준이 10년째 똑같다. 무상이냐 아니냐 문제에만 국한하면 안 되고, 연령대별로 얼마를 세금으로 내고 얼마만큼 복지로 받는지 계산을 해줘야 한다."는 얘기를 했나. 무조건적인 복지지출의 확대를 주장하면 진보가 되고, 복지의 문제점만 줄기차게 지적하면 보수가 되는 것처럼 보인다. 그런데 진보냐 보수냐를 따지기 전에, 여러 국민 계층별로 세금으로 내는 돈과 반대급부로 받는 혜택, 거기에 따른 만족도, 각각의 복지 수단이 갖는 효율성 등을 알아야만 제대로 된 정책을 만들 수 있다는 것이었다.

그로부터 10년이 흐른 지금도 논쟁의 수준은 별 차이가 없는 것 같다. 재난지원금과 국가부채 등의 중요한 내용에 대한 논의가 거의 비슷한 수준에서 진행된다. COVID19로 생긴 피해에 대해 전국민 지원을 주장하는 사람들에게 선별 지원을 주장하는 사람들은 냉혹한 이기주의자가 되고, 선별 지원을 주장하는 사람들에게 전 국민 지원을 주장하는 사람들은 무분별한 방종주의자가 된다. 국내총생산(GDP) 대비 국가부채의 적정 비율 문제는, '많으면 무조건 나쁘다'와 '더 많아도 된다' 사이에서 움직이지 않는다. COVID19가 진행되고 있는 지금의 재정지출 1조 원의 효과와 그 지출을 하지 않아 경제의 활력을 잃어버린다고 가정한 1년 후의 지출 1조 원의 효과를 비교하지 않는다.

사실과 증거에 근거하지 않은 논쟁은 결코 생산적인 결론에 이를 수 없다. 물론 이때의 사실과 증거는 과거에 사로잡히기 위한 것이 아니라 미래를 예측하고 판단하기 위한 것이다. 그런데 우리는 사실과 증거에 따라 구분하고 정의하지 않은 추상적인 개념을 가지고 논쟁에 임하는 경우가 많다. 대부분의 사람들이 동의할 수 있을 정도로 명확하게 해야 하고, 그것에 기반해서 소통해야 한다. 구체적인 사실이나 사물, 현상이 아니라서 명확하지 않게 규정된 용어, 애매모호함을 피할 수 없는 용어, 또는 거친 이분법으로 세상을 나누는 용어들은 적어도 정책이나 큰 규모의 의사 결정을 논의하는 자리에서는 가급적 쓰지 말아야 한다. 그것이 불필요한 대립과 힘의 낭비를 줄이는 방법이며, 소통을 통해 삶의 질을 높이는 방법이다.

그럼에도 불구하고 우리 사회는 여전히 보수와 진보, 좌익과 우익, 서울과 지방, 일류대와 삼류대처럼 서로 대립되는 개념을 만들어 놓고 명확한 정의도 하지 않은 채 상대방을 거칠게 한쪽으로 몰아붙이는 식의 논쟁이 활개를 친다. 그래서 내가 속하지 않은 범주에 상대방이 속한다고 얘기하면 그 자체가 마치 욕설처럼 들린다. 아니 실제로 욕설을 섞어서 지칭한다.

여기서 잠깐 다른 각도로 생각해보자. 서로 다른 사람이 어떤 대상에 대해 똑같은 개념을 갖는다는 것이 쉬운 일일까? 적어도 다른 문화권에 사는 사람들이 어떤 대상에 대해 완벽하게 동일한 개념을 갖기는 정말 어렵다. 예를 들어 유럽에 사는 사람에게 소(Cow)는 고기와 우유와 가죽을 제공해주는 존재이지만, 인도에 사는 사람에게 소는 숭배의 대상이다. 생물학적으로는 같은 소이지만, 전혀 다른 개념인 것이다. 대부분의 문화권에서 선물(present)은 좋은 의미로 사용되지만, 어떤 문화권에서 선물은 거의 뇌물(bribe)과 비슷한 뜻으로 사용된다. 따라서 배경이 다른 사람들이 서로 소통할 때는, 비록 같은 언어를 가지고 같은 대상을 지칭할지라도 서로 다른 개념을 거론하고 있지 않은지 의심해보아야 한다. 개념 정의가 애매하고 불분명할 때에도 소통의 문제가 발생할 수 있지만, 자신이 가지고 있는 개념 정의에 대해 지나치게 굳은 확신을 가지고 있을 때에도 소통에 문제가 발생할 수 있다.

더 큰 문제는 그런 태도가 우리의 생각을 꼼짝 못 하게 가둘 수 있다는 점이다. 소통하기 위해 규정한 개념들로 인해 어떤 사물이나 현상에 대한 우리의 생각이 실제로 그 사물이나 현상으로부터 떨어져서 독자적으로 굳어져버리는 것이다. 예를 들면, 우리는 입을 가리켜 '얼굴의 아래쪽에 위치한 음식을 먹고 말을 하는 데 쓰는 기관'이라고 규정할 수 있다. 그러나 이 개념 정의에 의하면 '키스를 하기 위한 입'이나 '장애인이 손을 대신해서 글을 쓰거나 그림을 그리는 입'은 빠져 있다. 휘파람을 불 수도 없으며, 긴 막대로 독침을 쏘아 사냥을 할 수도 없고, 이탈리아의 유리공예가들처럼 뜨거운 유리 재료를 긴 대롱에 매달아 입으로 불어 아름다운 공예품을 만들어 낼 수도 없다. 원래 입은 입이었을 뿐인데, 입이 가진 무한한 변용성이 있음에도 불구하고, 자칫 입은 그저 먹거나 말을 하는 기능만 수행할 뿐, 그 외에는 아무 쓸모가 없는 존재가 되어버릴 수 있다.

이런 문제를 가리켜 프랑스의 철학자 질 들뢰즈(Gilles Deleuze)는 "기관 없는 신체"의 비유로 설명했다. 신체는 유기체가 규정하는 부분 기관들의 필연적인 결합으로 한정되는 것이 아니라, 무한한 변용 역량의 잠재력을 가지고 있다는 것이다. 기관과 신체의 관계를 전체와 부분 간의 필연적이고 고정된 관계로 상정하는 유기체적인 방식의 조직에서는, 신체에서 끊임없이 생성되는 새로운 변용 능력을 발견할 수 없다. 능동적으로 무한한 변용의 잠재력을 발휘하는 것이 생명의 본질에 더욱 가깝다는 것이다. 어디 신체뿐이겠는가? 사실을 사실대로 들여다보지 않고, 사람을 포함한 어떤 대상을 예단하여 규정하고 비난하고 폄하함으로써 잠재적 변용성을 처음부터 차단하는 경우가 얼마나 많은가?

어떤 사람을 회사에서 회계 업무를 하는 사람이라고 규정하고 나면, 그 사람은 취미로 그림을 그리거나, 노인정에 나가 봉사활동을 하거나, 소설을 읽고 눈물을 흘리거나, 대한민국의 정치 현실에 관심을 갖는 면모를 보기 어렵게 된다. 실제로는 그 모든 변용성을 포함한 사람이지만, 규정하는 사람은 모든 변용성의 가치를 무시하거나 폄하하고 있다. 그 규정을 그대로 받아들이면, 그 사람은 갇히게 된다. 그래서 만약 누군가가 나를 특정 직업으로, 또는 특정 학교를 졸업한 사람이라거나, 어느 지역 출신이라거나, 진보 또는 보수라거나, 이탈리아 음식점 주방장, 혹은 나이가 50대, 대머리, 신도시에 사는 사람 등등으로 쉽게 규정하고 색안경 낀 눈으로 바라보려 할 때, 그대로 참고 받아들이면 안 된다. 우리 모두는 그보다 훨씬 더 크고, 더 다양한 면모를 가지며, 더 구체적인 존재들이다.

　한편, 마크 폭스(Mark Fox)가 쓴《창조경영 트리즈(Da Vinci and the 40 Answers)》라는 책을 보면, 창조성은 애매모호함에서 시작한다고 한다. '트리즈(TRIZ)'는 60여 년 전 러시아의 과학자 겐리히 알트슐러가 기술적 문제를 창조적으로 해결하기 위한 도구로 개발한 것인데, 전 세계에 보급되어 많은 일류 기업들이 경쟁력을 높이기 위해 제품개발, 공정개발, 특허 창출 등과 관련한 문제해결 도구로 활용하고 있다. 이 책에 따르면, 사람들은 인생에서 구체적인 것을 선호하고 모든 것이 명료하기를 원하는데, 그것이야말로 창조성에 대한 가장 큰 장애물이라는 것이다. 앞에서 얘기한 대로 애매모호함이 의사소통 과정에서 여러 가지 문제를 야기하기 때문에 대개 피하려고 하는데, 창조적인 생각을 끌어내기 위한 경우에는, 사람들이 동일한 의미로 이해하고 있는지 굳이 확인할 필요가 없다. 누군가가 거론한 개념이나 생각해낸 아이디어가 다른 사람에게는 다른 방법으로 해석될 수도 있으며, 그것이 오히려 더욱 다양한 생각들을 촉발시킬 수 있다는 것이다. 애매모호함이란 사람마다 사물을 다르게 해석한 결과이고, 때로는 개념과 논리를 뛰어넘고, 때로는 판단의 두려움으로부터 벗어나는 것이다.

특히 판단이야말로 창조성의 가장 큰 장애물이다. 어떤 아이디어를 가지고 상사에게 보고하는 경우와 브레인스토밍의 원칙에 충실하게 아이디어를 발전시키는 경우를 생각해보자. 만약 상사가 "그 아이디어는 별로 효과가 없을 것 같군."이라고 한마디 하는 순간 부하직원의 사고작용은 멈춰버린다. 그러나 아무도 판단하지 않고 반박하지 않는 브레인스토밍의 경우에는, 계속해서 새로운 관점과 아이디어가 더해지면서 처음의 아이디어가 발전한다. 그 과정이 순조로우면 지금까지 아무도 생각지 않았던 새로운 무엇인가가 나오는 것이다.

마크 폭스는 애매모호함을 장려해야 한다고 주장하며, 특히 꿈의 중요성을 강조한다. 잠을 자면서 꾸는 꿈이든, 미래에 대해 갖는 희망이든, 꿈이야말로 우리가 마주치는 가장 애매모호한 경험들 중 하나다. 꿈을 추구하는 것은 세상에 존재하지 않는 무엇인가를 만들어 내는 일이며, 일생을 바칠 가치 있는 일이다. 예술가를 비롯한 창의적인 사람들은 흔히 고독을 경험한다고 하는데, 그들은 꿈을 추구하고, 애매모호함 가운데에서 무엇인가를 붙잡아 내려고 하며, 세상에 새로운 것을 제시하고자 한다. 그들은 소통이라는 의무감의 상자에서 벗어나 홀로 고민하기 때문에 고독한 것이다.

사실 우리 말에는 애매모호한 것들이 참 많다. 서너 개, 거시기, 시원 섭섭, 희끄무레, 불그스름 등등. 명확하지 않고 애매모호한 말을 많이 쓰고, 그러면서도 서로를 이해하는 데 큰 지장이 없다. 이처럼 '고맥락 언어'를 쓰는 우리는 애매모호함 속에서 의미와 가치를 잘 찾아내는 사람들이 아닌가 생각된다.

애매모호함은 분명히 양면성을 가지고 있다. 소통을 어렵게 만들고, 논쟁을 비생산적인 것이 되게 하며, 사실에 입각한 판단을 방해한다. 그러나 한편으로 애매모호함은 새로운 가능성을 속박하지 않는 것이며, 현재는 명확하지 않지만 미래를 가져오는 원천이 되며, 꿈에 관한 것이다. 사실을 사실대로 들여다보는 것을 방해하는 애매모호함은 우리가 피해야 할 장애물이지만, 현재의 한계를 넘어 새로운 것을 볼 수 있도록 해주는 애매모호함은 우리가 놓치지 않고 잘 활용해야 할 도약대다.

　학생용으로 쓰이는 금속제 작은 책상을 기대하고 '책상'을 구입했는데, 거대한 사무실용 티크목 책상을 받았다면 매우 황당할 것이다. 한편 책상 몇 개를 이어 붙이면 침대가 될 수도 있고, 다리에 바퀴를 달면 수레가 될 수도 있다. 무한한 변용의 가능성이 있는 것이다. 르네 마그리트(René Magritte)라는 화가는 커다란 캔버스에 담배 파이프 하나를 한쪽에서 바라본 그림을 그려 놓고, 밑에 "이것은 파이프가 아니다."라고 써 놓았다. 그리고 그림의 제목을 '이미지의 배반'이라고 붙였다. 파이프 모양으로 만든 빵일 수도 있고, 사탕일 수도 있으며, 한쪽 면만을 파이프처럼 보이게 만든 상자일 수도 있다는 의미다. 과연 책상은 그냥 책상일까?

CHAPTER 2

방향을 잃지 않고 넓게 아우르기

들꽃 언덕에서 알았다
값비싼 화초는 사람이 키우고
값없는 들꽃은 하느님이 키우시는 것을

그래서 들꽃 향기는 하늘의 향기인 것을

그래서 하늘의 눈금과 땅의 눈금은
언제나 다르고 달라야 한다는 것도
들꽃 언덕에서 알았다

(유안진, 〈들꽃 언덕에서〉)

다양한 구색과 체계
돌 탑 쌓 기

무성생식과 유성생식의 차이를 보자.

아메바처럼 생물 개체가 반으로 나뉘어서 각자 생존하거나, 효모처럼 모체와 완전히 동일한 성질을 가진 자손이 불쑥 솟아오르는 것이 무성생식의 예다. 이에 비해 유성생식은 암수가 따로 있어서 서로 만나 유전자를 합쳐야 후손을 퍼뜨릴 수 있다. 훨씬 더 번거롭다. 이렇게 번거로운 유성생식이 생겨난 이유는 바로 환경에 적응하기 위해서다. 무성생식을 하면 모체와 동일한 성질을 가진 후손들만 계속 만들어져서 유전적으로 경직되기 때문에 환경의 변화에 빠르게 대응할 수 없다. 환경에 큰 충격이 와서 기존의 성질로 새로운 환경에 적응하지 못하게 되면 이들은 사라질 수밖에 없다. 또 무성생식을 하면 유전자 가운데 좋지 않은 돌연변이가 생겨도 이를 제거할 방법이 마땅치 않다.

이에 비해 유성생식을 하면 훨씬 빠른 속도로 진화해서 다양한 변이를 만들어 낼 수 있다. 두 가지의 다른 유전자가 모여 새로운 구성을 하게 되므로 다양한 성질들이 계속 생겨난다. 환경에 큰 변화가 오면 그들 중 어떤 것들은 견딜 수 없겠지만, 살아남는 것들도 꽤 있다. 그 살아남는 것들을 통해 원래의 부모는 계속 후손을 퍼뜨린다. 또 돌연변이로 인해 생겨난 결함을 자체적으로 수정할 수 있다. 이런 이유들 때문에 유성생식은 그 번거로움(?)에도 불구하고 생물 번식의 가장 중요한 방법으로 자리잡았다.

어떤 생물들은 무성생식과 유성생식을 둘 다 할 수 있다. 그중 하나가 민물달팽이다. 기생충이 없는 곳에서는 무성생식을 하던 민물달팽이가 기생충과 질병의 위협을 받으면 양성 간의 유성생식으로 전환한다. 환경이 유리하고 안정적일 때는 후손을 빨리 그리고 많이 퍼뜨리는 방법을 택하고, 환경이 불안정해지면 다양한 성질을 갖춘 후손을 만든다. 그 다양한 성질 가운데 적합한 성질을 가진 후손들이 살아남는 것이다. 다양한 성질을 만들어 내려면 혼자만의 힘으로는 안 되기 때문에 내가 아닌 누군가를 받아들여 함께 힘을 합친다. 변화하는 환경 속에서 나의 생존과 번성을 지켜줄 보물들을 남들이 갖고 있기 때문이다. 그래서 나와 다른 것, 차이가 있는 것은 내가 갖고 있지 못한 소중한 것이고, 함부로 무시하고 내버려서는 안 되는 것이다.

그런 관점에서 다름과 차이를 포용하는 능력은, 생존하고 번성하는 능력이라고 할 수 있다. 잠깐 동안 잘 살기 위한 것이 아니라 꾸준히 오랫동안 대대로 잘 살아남기 위한 능력이다. 진화론의 창시자인 찰스 다윈은 "결국 살아남는 것은 가장 강한 종도 아니고, 가장 지능이 높은 종도 아니며, 변화에 가장 잘 적응하는 종이다." 라고 했다. 변화에 잘 적응하기 위해 생물들이 택한 방법은 순수함의 추구가 아니라 섞고 변화하는 것이었다.

COVID19가 기승을 부리면서 흔히 예방주사라고 불리던 백신에 대해 관심이 높아졌다. 예방주사를 생각하면 종두법을 창안한 에드워드 제너를 떠올리게 된다. 천연두를 예방할 목적으로 마마에 걸린 소에게서 바이러스를 채취하여 인체에 주입하는 것이 종두법이다. 우리나라에서는 구한말에 지석영 선생이 제일 먼저 도입했다고 알려져 있다. 그런데 사실은 이와 비슷한 방법이 중국 송나라 시절부터, 그리고 인도와 유럽에서도 광범위하게 실시되었다고 한다. 천연두에 걸린 사람에게서 얻은 고름을 건강한 사람에게 아주 소량 주입해서 면역력을 얻는 방법이다. 이 방법은 제너의 우두법(牛痘法)에 대응해서 인두법(人痘法)이라고 불리는데, 멀쩡한 사람의 목숨을 잃게 하는 경우가 많았다고 한다. 바이러스의 활성을 어느 정도로 어떻게 제어해야 하는지 방법을 몰랐기 때문이다. 제너와 지석영 선생의 이름이 사람들의 기억에 남아 있는 것은, 종두법을 최초로 창안해서라기보다는 안전하게 인체에 적용함으로써 많은 사람들에게 혜택을 줄 수 있었기 때문이라고 봐야 할 것이다. 참고로 '백신(vaccine)'은 원래 로마어로 소(牛)를 뜻하는 말에서 유래했다고 하는데, 프랑스의 미생물학자 루이스 파스퇴르가 에드워드 제너의 업적을 기려서 만들어 낸 말이라고 한다.

백신 얘기를 꺼내는 이유는 인체의 면역체계가 다양성과 깊은 관계가 있기 때문이다. 백신, 예방주사, 후천성 면역 등 어떻게 불리든 간에 그것이 인류의 건강에 획기적인 혜택을 주고 있는 것은 틀림없는 사실이다. 후천성 면역이 특히 흥미로운 이유는 그 광범위함 때문이다. 외부에서 인체로 들어오는 침입물의 종류는 헤아릴 수 없이 많다. 단백질이나 탄수화물 등의 생체 물질 외에 어떤 물질이라도 항원으로 작용할 수 있기 때문에, 항원의 종류는 그야말로 무궁무진하다고 봐야 한다. 항원에 대항해서 인체를 보호하는 항체는 DNA에 포함된 유전정보의 일부가 지시를 해서 만들어지는데, 각각의 항체에 상응하는 유전정보를 하나씩 따로 가지고 있으려면 엄청난 수의 유전정보가 준비되어 있어야 한다. 인간의 유전자가 대략 몇만 개 정도라고 알려져 있는데, 이 정도 숫자로는 필요한 항체를 만들기에 턱없이 부족하다.

비결은 라이브러리다. 책을 모아 둔 도서관이 아니라 자료들을 모아 두고 언제든지 필요할 때 꺼내 쓸 수 있도록 하는 시스템을 얘기하는 것이다. 컴퓨터 프로그래머들에게는 프로그래밍을 하다가 필요한 계산식이나 특정 용도의 하위 프로그램을 끼워 넣을 필요가 있을 때 찾는 것이 라이브러리다. 도서관은 얼마나 많은 책을 가지고 있느냐와 함께 책이 필요할 때 쉽게 찾을 수 있도록 분류하는 체계가 얼마나 잘 갖추어져 있느냐가 아주 중요하다. IT 라이브러리도 마찬가지로 필요할 때 쓸 수 있는 소스코드가 얼마나 많이 있느냐, 그리고 그것들이 용도별로 잘 분류되어서 쉽게 찾아 쓸 수 있느냐가 중요한 사항이다.

인체의 면역체계도 마찬가지다. 항체의 구조 중에서는 항원과 결합하는 부위가 있다. 이 부분은 Y자처럼 생겼으며, Y자의 양 뿔에 해당하는 부분은 '팹(Fab)'이라고 불린다. 이 팹을 이용해서 항원을 붙잡는데, 모양이 딱 맞아야 해당 항원을 붙잡아서 처리할 수 있다. 항원의 종류가 엄청나게 많다면 항체의 팹 모양도 엄청나게 다양해야 한다. 그런데 인체는 여러 종류의 아미노산 배열을 달리하며 연결함으로써 엄청나게 많은 종류의 항체를 만든다. 예를 들어 열 가지 종류의 아미노산을 가지고 다섯 조각을 연결해서 만들 수 있는 조합의 숫자는 10^5(10의 5승)=10만 개가 된다. 이런 식으로 아주 쉽게 다양한 구조를 만들어 낼 수 있다.

이 가운데 백신을 통해 파악한 항원의 모양에 맞는 항체를 미리 생산해 내는 것이 예방주사의 원리다. 실제로 면역계는 라이브러리 전략을 통해 불과 수백 개의 유전자만을 사용해서 1조 가지 이상의 항체를 생성해 낼 수 있다고 한다. 바로 이 점이 면역시스템의 훌륭한 점이다. 우리 인체가 당장 주변에서 맞닥뜨릴 수 있는 병원균들과만 싸울 준비를 갖추고 있는 것이 아니라, 당장 필요하지 않은 것에 대해서까지 대처할 방법을 미리 준비해두고 있는 것이다. COVID19에서 보듯이 병원균들은 끊임없이 돌연변이를 거치면서 군비를 확장하고 있으며, 지금까지는 지구상에 존재하지 않았던 물질이 어떤 과정을 통해 우리 주변에 나타나게 될지 알 수 없는 노릇이다. 면역시스템이 충분한 포용력을 가지고 대비하고 있지 않으면 언제 어떻게 큰 곤경에 처할지 알 수 없다. 실제로 학자들에 따르면 인체는 현재 지구상에 존재하지 않는, 수십만 년 후에 지구상에 나타날지도 모르는 항원에 대항할 수 있는 항체까지도 준비하는 것이 가능하다고 한다.

다음은 이렇게 만들어진 라이브러리를 필요할 때 제때에 꺼내 쓸 수 있는 방법인데, 그것은 도서관에 가서 책을 한 권 찾을 때의 방법과 같다. 한국 소설책을 한 권 찾으려면 먼저 문학서적을 모아놓은 곳으로 가서 한국문학 서가를 뒤진 다음, 소설을 모아놓은 칸을 들여다보는 것처럼, 먼저 몇 개의 유전정보에 의해 배아항체를 만든 다음 그 배아항체 가운데 항원에 대한 결합력이 비교적 높은 것(선도항체)을 골라 증식시키면서 설계도에 돌연변이(체성 돌연변이)를 일으켜 부분적으로 변형된 새로운 항체군을 계속 만들어 낸다. 이 과정에서 새로운 다양성이 생성되어 항원에 대한 적합도가 보다 높은 항체를 찾게 되면, 그것을 최종적으로 선택하여 대량 생산해 내는 것이다. 이 과정은 '라이브러리의 최적화 과정'이라고 할 수 있다. 이렇듯 외부의 다양한 침입자에 대항하는 인체의 면역체계를 잘 들여다보면, 예측할 수 없는 환경의 다양한 변화에 우리 인간들이 적절하게 대응할 수 있는 여러 방법들을 어떻게 만들어 내고, 또 그것들을 어떻게 체계화시킬 수 있을지에 대한 아이디어가 나올 것이다.

　　　　　　　　요즘 들어 주변에 알레르기 환자들이 점점 많아지고 있다. 특히 봄철이 되어 여기저기 꽃가루가 흩날리기 시작하면, 코와 눈이 가렵고 수시로 재채기를 하며 콧물이 줄줄 흘러내리기 일쑤다. 알레르기의 종류는 아주 많다. 어떤 사람은 땅콩버터가 묻은 나이프로 자른 빵을 먹고 호흡곤란을 일으켜 사망했다고 하며, 또 어떤 사람은 메밀국수를 삶는 김을 마시고 쇼크 상태에 이른 경우도 있다고 한다. 해파리나 말벌에 쏘여서 죽는 사람도 상당히 많은데, 그 경우도 알레르기에 의한 쇼크사라고 할 수 있다. 또 아토피성 피부염 때문에 고생하는 어린아이들도 많이 늘어나고 있다. 아토피라는 말 자체가 그리스어의 'a topos(아 토포스, 그 자리에 어울리지 않는 엉뚱한 반응)'에서 나온 말로서, '유전적 배경을 가진 알레르기성 과민증'을 뜻하며, 피부염뿐 아니라 비염, 천식 등의 질환까지 아울러서 아토피성 질환이라고 한다.

일반적으로 알레르기를 일으키는 원인은 점막조직에 주로 분포하는 비만세포(mast cell)가 방출하는 물질들이 나름대로 면역 활동을 원활하게 하기 위해 역할을 나누어서 일하다가, 그것이 심할 경우 인체에 해를 끼치는 것이다. 알레르기처럼 항원에 대해 생긴 항체가 자기 자신을 공격하는 질환을 가리켜 '자가면역질환'이라고 하는데, 이 외에도 중추신경계가 손상되어 감각이상 등의 증상을 일으키는 다발성 경화증, 췌장세포가 손상되는 인슐린의존형 당뇨병, 강직성척추염, 궤양성대장염 등이 있다.

알레르기 환자들은 일반적으로 면역글로불린E(IgE)라고 하는 항체의 수치가 높게 나타난다. 그런데 재미있는 사실은 기생충에 감염되었을 때에도 알레르기 환자처럼 면역글로불린E라는 물질의 생산이 증가한다고 한다. 그렇지만 이 경우에는 히스타민 등의 물질이 방출되지 않고, 기생충에 감염되어 있는 사람은 알레르기 증상을 보이는 경우가 드물다고 한다. 그런데 최근에는 많은 알레르기를 포함한 자가면역질환이 기생충의 감소와 더불어 늘어나는 추세라고 한다. 이런 현상을 설명하는 것이, 바로 '위생가설'이다.

미국 알레르기 및 전염병연구소의 임상기생충학 책임자였던 에릭 오티슨(Eric Ottesen)은 남태평양의 산호섬인 마우케(Mauke)의 주민들을 조사한 적이 있다. 그에 따르면, 1973년 주민 600명 중 3퍼센트만 알레르기 질환을 앓고 있었던 반면, 1992년에는 그 비율이 15퍼센트로 증가했다. 그 기간 동안 오티슨은 기생충 박멸을 위한 각종 의료 시설을 건립해 치료에 힘썼고, 그 결과 30퍼센트가 넘던 기생충 감염률이 5퍼센트 이하로 떨어졌다고 한다. 최근에는 기생충의 박멸과 알레르기의 반비례 관계를 대부분의 학자들이 인정하고 있다.

이처럼 너무 위생을 철저히 해서 기생충을 없애버리면, 그 반작용으로 알레르기 질환이 늘어난다. 기생충의 추출물을 가지고 알레르기와 같은 질환을 없애려는 연구도 활발한데, 기생충이 분비하는 물질을 이용해 자가면역을 감소시키는 방법이 다방면으로 연구되고 있고, 성공사례도 많이 나오고 있다. 기생충이 우리 몸의 질환을 없애는 데 중요한 역할을 한다니 참 아이러니하다. 우리가 퇴치하고 절멸시키려 애썼던 기생충조차 새롭게 그 효용이 발견되고 있는 현상을 보면서, 이 세상에는 그냥 버릴 것이 하나도 없다는 생각이 든다.

　　　　　　　　　　　문제해결의 수단을 다양하게 갖추기 위해서는 다르다고 해서 버리고 배제할 것이 아니라 그 차이를 포용하는 것이 꼭 필요하다. 이때 포용은, 같거나 비슷해서 받아들이거나 다른 것을 억지로 같게 만들어서 받아들이는 것이 아니다. 다른 상태 그대로 받아들이는 것이다. 차이를 알면서도 그것 때문에 어떤 차별대우를 하지 않으며, 그대로 두되 그 자체에서 무언가가 드러나도록 인내하고 기다리는 것이다. 그럴 때 포용은 다양하고 유연한 해결책을 제공하는 최고의 방법이 될 수 있다.

　물론 다양성과 포용이 무조건 좋다는 것은 아니다. 다양성을 확보하고 유지하는 것도 비용이 들고, 또 그 다양성에서 좋은 효과를 얻어내기 위해서는 조건이 필요하다. 예를 들어 다양성을 관리할 능력이 부족한 소규모의 신생기업에서 과도하게 다양한 인재를 모았을 때, 다양성의 이점보다 다양성으로 인한 갈등이 더 커서 조직이 붕괴되는 경우도 있다. 그러나 그런 우려 때문에 처음부터 비슷한 사람들끼리 모여 비슷한 생각을 반복하는 것은 아주 위험하다. 생물 세계에서도 근친교배를 반복하는 폐쇄집단은 유전적 열성을 떨어버리지 못해서 구성개체가 건강하지 않을 뿐 아니라, 집단 전체가 환경변화에 취약성을 노출하게 된다.

　아프리카 초원의 사자나 원숭이 집단은 다 자란 암컷이나 수컷을 무리 밖의 다른 집단으로 내보내고 다른 무리에서 새로운 구성원을 공급받는 지혜를 발휘한다. 자신들의 무리가 취약해지지 않도록 자연의 원리를 실천하는 것이다. 다양성을 존중하고 차이를 포용하는 것은 심지어 동물들도 실천하고 있는 아주 오래된 자연의 지혜다. 특히 민물달팽이의 사례에서 본 것처럼, 태평성대보다는 지속적으로 환경이 변하고 생존을 위협받을 정도로 어려운 시기에 포용이 더욱 필요하다.

소설가 한승원 씨가 쓴 《글쓰기 비법 108가지》에 이런 내용이 나온다. 돌담이나 돌탑을 쌓으려면 돌들의 아귀가 잘 맞아야 하는데, 이때 돌들이 매끄럽고 두루뭉술하면 좋지 않다고 한다. 아귀가 맞아도 서로 흘러내리기 때문에 쌓아지지 않는다. 세모, 네모, 마름모 등으로 개성이 뚜렷해야 하고, 표면이 거칠거칠한 돌들로 쌓아야 잘 쌓아진다. 잘 쌓인 돌탑은 태풍과 지진도 견뎌 낸다. 그래서 한승원 씨는 "글공부를 하는 사람이나 조직에서 인사를 담당하는 사람은 최소한 서너 번 돌담이나 돌탑을 쌓아볼 필요가 있다."고 말한다.

실제로 주변을 둘러보면 구성원들을 너무 매끄럽고 두루뭉술하게 만들려고 하는 조직이 많다. 다른 사람들보다 소위 스펙이 처지거나 거칠다 싶으면 받아들이지 않는다. 어쩌다 받아들여도 금방 닳고 닳아서 매끈해지지 않으면 계속 버티기 어렵게 한다. 이런 조직은 얼핏 보기에는 그럴싸할지 모르나 높은 탑이 되기는 어럽다. 어쩌다 높이 쌓아졌더라도 외부의 충격에 금방 허물어진다. 포용은 한 번의 전투에서 승리하는 것이 아니라, 장기간의 전쟁에서 승리를 얻고 그 승리를 오랫동안 지키고자 할 때 진정한 빛을 발한다.

일사불란함의 위험
아 마 존 의   개 미 떼

20세기 초 남미 가이아나 정글에서 윌리엄 비브(William Beebe)라는 미국 생물학자가 이상한 광경을 목격했다. 한 무리의 병정개미들이 큰 원을 지어 움직이고 있었는데, 그 둘레는 400미터나 되었고, 개미 한 마리가 같은 자리로 돌아오는 데 두 시간 반이 걸렸다. 개미들은 "앞에 가는 개미를 따르라."는 한 가지 간단한 규칙에 의해 대부분 무리를 잃지 않고 집을 찾아간다. 비브가 목격한 개미들도 바로 그 원칙에 따라 움직이고 있었지만, 맨 앞의 개미가 행렬의 맨 뒷부분을 따라잡게 된 것이다. 그 개미들은 이틀 동안 원을 돌고 또 돌다가 결국 대부분 죽고 말았다. 과학자들은 이런 현상을 가리켜 '원형선회(Circular Mill)'라고 이름 붙였다. 평소에 아주 효율적으로 잘 돌아가던 개미사회도 한 번 '원형선회'에 빠지면 떼죽음이 일어나고 만다.

사람들의 조직도 평소에 효율적으로 돌아가는 것처럼 보이다가 갑자기 원형선회에 빠진 것처럼 큰 문제점을 드러내는 경우가 있다. 1960년대 초 미국 케네디 정부 초기, 쿠바에 카스트로 공산혁명 정부가 들어서자 케네디 정부는 이를 전복시킬 계획을 세웠다. 카스트로 정권에 의해 쫓겨난 반정부 군인과 망명자 약 1,400명을 민병대로 훈련시켜 피그스만(Bay of Pigs)을 통해 침투시켰는데, 이들은 곧 쿠바군에 의해 전멸당하고 포로 1,179명은 이듬해 5,000만 달러 상당의 식품과 의약품으로 교환하는 조건으로 석방되었다. 이 일은 전 세계로부터 비난과 함께 비웃음을 샀고, 미국 정부의 참담한 실패 사례로 기록되었다.

이 사건을 연구한 예일대의 심리학자 어빙 재니스(Irving Janis)는 '집단사고 (Groupthink)'를 실패의 원인으로 분석했다. 어빙 재니스에 의하면, 집단사고는 집단의 구성원들이 합리적인 결정을 할 수 없도록 만드는 왜곡된 사고방식이며, 응집력이 강한 집단에서 구성원들이 어떤 현실 문제에 대한 판단을 내릴 때 만장일치를 이루려고 하는 사고의 경향 때문에 생겨난다고 한다. 사람들은 자기들의 집단이 천하무적이라는 착각과 극단적인 낙관주의를 품는 경향이 있으며, 이런 생각에 방해가 되는 것들은 쉽게 무시해버린다.

또 자신들의 도덕성에 대해 지나치게 확신을 품은 나머지 어떤 목표를 이루는 수단의 부도덕성에 대해 심각하게 여기지 않는다. 그러다 보니 경쟁집단이나 적대 집단을 약해 빠진 겁쟁이, 또는 사악한 무리로 여기는 고정관념을 품는 수가 많다. 그렇게 되면 토론은 물건너가고 목소리가 큰 일부의 주장에 집단 전체가 휩쓸리게 된다. 다른 구성원이 제기하는 반론을 쉽게 묵살하고, 의혹이 있어도 그것을 억눌러서 순응시키려 하며, 의식하지 못하는 사이에 그들의 시각에 위배되는 정보를 숨기는 경우도 생긴다. 그래서 언뜻 보면 만장일치라는 착각이 빚어진다.

이러한 집단사고의 사례는 부지기수로 찾을 수 있다. 1986년 우주 왕복선 챌린저호는 7명의 승무원과 함께 폭발했다. 나사의 실무 기술자들이 극저온 상태에서 고무 밸브가 문제를 일으킬 가능성을 경고했음에도 간부회의에서 이를 무시하고 예정대로 발사했다가 일어난 참극이었다. 또 제2차 세계대전 당시 일본군은 제대로 된 보급도 없이 인도 버마 접경지대에서 대규모 전투를 일으켰다가 전사자 3만2,000명, 병사 및 아사자 2만 명 이상을 내고 궤멸했다. 이 임팔 전투로 인해 일본군의 버마 - 벵갈 전선은 붕괴했고, 1945년 3월에는 아웅 산 장군이 이끄는 버마 국방군이 일본군을 몰아냈다. 이 전투는 중국에서 노구교 사건을 일으켜 중일전쟁을 촉발시킨 일본군 내 파벌이, 버마 방면군으로 좌천된 후 조급한 마음에 저지른 일이었다. 이 외에도 일본의 진주만 공격을 예측하지 못하고 무방비 상태로 방치한 미군의 결정, 존슨 대통령 시기 베트남전 확산 및 장기화 과정이나, 대한민국의 초대 이승만 대통령이 하야에 이르기까지의 과정, 2005년 황우석 논문 조작 사건에서 지지자들이 보여줬던 행태나 이후의 각종 정치적 극단주의와 음모론 등은, 자신들에게 불리한 의견은 무시하고 유리한 정보만을 취사선택하는 집단사고의 전형을 보여준다.

집단사고 외에도 지나치게 경직된 상하관계와 위계질서, 그리고 폐쇄적인 전문가집단의 노출 불안 등이 조직 내에서 논쟁이 일어나지 못하도록 가로막는다. 관료적이고 억압적인 분위기에서는 논쟁과 분명한 의사 전달이 방해받기 때문에, 명백한 위험을 앞에 두고도 하급자가 상급자에게 그 사실을 제대로 전달하기가 어렵다. 또 전문가들은 자기들의 전문성에 도전하는 비전문가들의 지적을 쉽게 받아들이지 못한다. 자신들의 전문성이 존중받지 못하면 모든 것이 무너질 것이라고 불안해한다. 그래서 그 반작용으로 사소한 것에 대해서도 기존의 입장을 번복하거나 양보하지 않으려는 성향을 가지고 있다.

특히 학연, 지연, 혈연 등의 특정 인맥을 중시하는 경우 집단사고의 위험에 빠지기 쉽다. 대체로 동일한 환경에서 성장한 사람들은 비슷한 사고방식을 가지고 연줄과 위계질서로 얽혀 있기 때문에 자유로운 토론을 하기가 힘들다. 실제로 국내 항공사들의 항공사고를 조사한 선진국 보고서에 꼭 나오는 지적이 기장과 부기장의 엄격한 위계질서와 더불어 특정 학교 선후배로 이루어진 사적 관계다. 이처럼 집단사고와 위계질서, 그리고 전문가집단의 장벽은, 사실과 진리와 외부환경에 대한 조직의 감수성 발휘를 가로막는 요인으로 작용한다. 이런 것들은 조직의 일체감을 유지하기 위해 어느 정도까지는 필요한 측면이 있으나, 지나치면 반드시 문제가 된다. 누군가는 항상 밖을 쳐다보고 거기서 일어나는 일들을 안으로 전달해줘야 한다. 아무리 엄중한 위계질서라고 해도 사실과 진리를 가로막아서는 안 된다. 또 비전문가들이 상식적으로 쉽게 받아들이지 못하는 전문가들의 오랜 통념은 다시 검증받아야 한다. 그런데 그런 일들이 현실에서는 쉽지 않은 것이 사실이다.

조직, 집단, 사회의 결집된 다수가 한 방향의 생각을 갖고 있을 때, 구성원 모두의 개별적인 생각들이 다 모인 것이라기보다는 한두 명 또는 몇몇 사람의 생각에 대다수가 별생각 없이 동조한 결과인 경우가 많다. 왜 그럴까? 누군가 목소리가 큰 사람, 권위가 있는 사람, 많이 알고 있을 것 같은 사람이 의견을 내면 거기에 동조하려고 한다. 사람들은 인지적으로 게으른 데다가 권위 또는 상식에 대해 의문을 제기하는 것은 많은 노력과 위험 감수가 필요하다. 그래서 기회가 있을 때마다 인지적 노력을 덜하고 절약하려는 것이다.

주식투자를 할 때도 마찬가지다. 여러 명이 자금을 공동으로 출자해서 공동으로 주식에 투자하는 투자클럽들을 보자. 어떤 투자클럽은 몹시 사교적이다. 구성원끼리 자주 만나고 친분도 아주 두텁다. 그런데 수익률은 최악이다. 오히려 사교적 관계가 제한된, 즉 서로 잘 알지 못하는 사람들로 구성된 모임에서 수익률이 높은 경우가 많다. 그 차이는 클럽 내 논쟁의 유무에 있다.

사교적인 모임에서는 치열한 논쟁이 이뤄지지 않는다. 다른 의견을 냈다가는 친분이 깨질 것을 우려해 이들 사이에는 의견의 '쏠림 현상'이 일어난다. 많은 사람들은 "내 생각은 너와 달라."라고 말하기를 주저한다. 논쟁을 승부로 여기기 때문에 다른 의견을 제시하면 도전으로 여긴다. 논쟁이 벌어지면 꼭 승자와 패자를 갈라야 한다. 이런 상황에서는 친분과 논쟁이 양립할 수 없다. 오히려 친분 관계가 없는 사람들이 모여 만든 클럽은 친분이 깨질 것을 걱정하지 않아도 되기 때문에 의견이 다를 때는 끝까지 논쟁한다. 서로 자기의 논점을 보강하기 위해 많은 조사를 하고, 좀 더 설득력 있는 논리를 제시하려고 하기 때문에 그 과정에서 전체 클럽이 얻는 것이 많아진다. 그래서 투자성과가 더 좋을 수 있는 것이다.

이처럼 서로 다른 의견이 부딪치는 과정을 잘 관리하는 것이 중요하다. 한 의견이 채택되고 다른 의견이 기각되는 과정이 승리와 패배로 여겨지지 않아야 한다. 그래야 논쟁이 이루어지고, 논쟁의 결과에 따라 가장 좋은 의견이 채택될 가능성이 커지기 때문이다.

분명, 한 사람의 생각보다는 여러 사람의 생각이 더 많은 정보를 담고 더 높은 지혜를 발휘할 가능성이 크다. '집단사고'는 집단 구성원들이 집단의 응집력과 획일성을 강조하고 반대의견을 억압하여 한 사람의 생각과 다름없어지거나, 한 사람의 합리적인 생각만도 못한 극단적인 방향으로 치우치게 만드는 것이다. 이에 반대되는 것이 '집단 지성(collective intellectual)'이다. 집단 지성은 다수 개체들이 서로 협력을 통해 얻게 되는 집단의 지적 능력을 말한다. 이 또한 생물학자들이 개미를 관찰한 결과에서 제시한 것인데, 개미는 미약하지만 공동체를 이루어서 협업을 할 경우, 개미집과 같은 위대한 결과물을 만들 수 있다.

2000년 캐나다의 금광회사 골드코프(Goldcorp)는 회사가 소유한 광산에서 자기들의 능력으로는 더 이상 경제적으로 금을 채굴하기 어렵게 되자, 지질 정보를 공개해서 금맥찾기 공모전을 열었다. 여기에 전문가, 대학생, 동호인 등, 전 세계의 많은 사람들이 참여해서 110곳의 금맥을 찾아내고 220톤의 금을 채굴했다. 이처럼 집단 지성은 한 사람의 능력보다 훨씬 뛰어난 능력을 발휘할 수 있지만,

때로는 적극적인 몇몇에 의해 방향성이 결정되고, 사회적 분란을 초래하며, 비전문가들이 결정함으로써 신뢰성에 의심을 받을 수 있다. 이때 중요한 것은 사람들이 한쪽으로 쏠리지 않고, 자신만의 생각으로 의견을 내는 것이다. 즉 다양성, 독립성, 분산화가 지켜지지 않으면, 집단 지성이 아니라 집단사고로 흘러가기 쉽다.

미국 MIT의 알렉스 펜트런드(Alex Pentland) 교수는 빅데이터(Big Data) 분석을 통해 아이디어 흐름의 패턴을 시각화하고, 팀과 개인 수준의 성과와 아이디어 흐름의 패턴 사이에 인과관계를 확인코자 했다. 그가 발견한 것은 성과가 좋은 팀은 모든 팀원이 아이디어 흐름과 토론 과정에 일정하게 동참하면서 아이디어 흐름이 균형 잡힌 패턴을 형성하지만, 성과가 저조한 팀은 소수의 팀원이 아이디어 흐름과 대화를 장악하면서 일부 팀원이 소외되는 등 패턴이 일그러진다는 것이었다. 이때 고성과자는 조직 내외를 막론하고 다채롭고 폭넓은 네트워크를 형성하는 반면, 저성과자는 한정된 직원들과 협소한 네트워크를 형성하는 데 그쳤다. 사전에 아무런 정보가 없어도 아이디어 흐름의 패턴만으로 팀과 개인의 성과가 90퍼센트 이상의 정확도로 예측 가능했다.

아이디어 흐름에 영향을 주는 요소로는 직원 간 신뢰 수준과 구성원의 다양성을 들 수 있는데, 아이디어 흐름의 속도는 직원 간 신뢰 수준과 직결되지만 지나치게 친밀감이 높은 조직은 오히려 집단사고에 취약했다. 불신으로 인해 팀원 간 혹은 부서 간 장벽이 생기면, 아이디어 흐름의 변중을 야기하고 조직의 생산성을 크게 떨어뜨렸다. 사회적 유대감이 높은 경우 전체적인 아이디어 흐름은 원활하지만, 아이디어의 다양성이 부족해서 소수의 아이디어가 흐름을 장악하고 말았다. 흥미로운 사실은 집단 구성원 중 여성이 많을수록 아이디어의 흐름이 개선되고 성과가 좋아졌다는 것이다.

결국 집단 지성과 집단사고를 가르는 핵심에는 반대의견을 어떻게 다루느냐의 문제가 있다. 반대의견을 무시하고 억압하면 다양한 의견이 검토되지 못하고 쉽게 집단사고의 함정에 빠진다. 반대의견을 개진할 기회가 주어지더라도 깊은 수준에서 검토되지 못하면 의사 결정의 실패를 빠르게 인식하고 유연하게 대응할 수는 있으나, 의사 결정 자체를 바꾸거나 사전적으로 실패를 방지하기는 어렵다. 따라서 반대의견을 폭넓게 청취할 뿐만 아니라 기존 의견과 비교하면서 깊은 수준에서 검토하여 통합하고 창조적인 대안을 창출하려는 노력이 필요하다.

현실 세계에서 반대의견이라 함은 추상적이고 중립적인 아이디어가 아니라 구체적인 사람의 발화에 해당한다. 결국 사람에 대한 이해와 존중의 자세가 집단 지성을 끌어내는 원동력이다. 또 누구나 가질 수 있는 오류나 편향이 집단의 작용으로 바로잡히거나 보완되지 않고 오히려 집단을 통해 증폭되거나 강화되면, 집단사고에서 벗어나기 어렵게 된다. 그래서 리더의 역할이 중요하다. 만일 리더가 처음부터 확고한 자신의 입장을 피력하고 다른 의견을 무시하는 태도를 보이거나 지나치게 단결력과 유대감을 강조하면, 구성원들이 보유한 많은 유익한 정보들이 표현될 수 있는 여지를 없애버린다.

제너럴 모터스(GM)를 포드(Ford)를 뛰어넘어 세계 제일의 자동차 기업으로 발전시킨 알프레드 슬로언(Alfred Sloan)은, 회의 중 다른 사람의 의견을 경청한 뒤 마지막에 발언했고, 다른 사람들의 의견을 비판하지 않았다고 한다. 또 어떤 의견이 비판받으면 오히려 이런 비판을 자제시키고 반대의견을 말할 권리를 모두에게 상기시켜주었으며, 회의에서 모든 사람의 의견이 일치하면 결론을 내리지 않고 다음 회의에 누구라도 반대의견을 가져오도록 한 뒤, 토론을 거친 후 결론을 내렸다고 한다.

이처럼 집단 지성을 이끌어 내기 위해서는 타인을 존중하고 이해하며 개방적인 리더의 품격이 무엇보다 중요하다. 또 외부 전문가를 포함한 다양한 구성원의 존재를 소중한 자산으로 여겨야 한다. 그리고 부서의 기능과 개인의 전문성에 의존해서 특정 의견만을 청취하고 지시와 이행으로 이를 밀어붙이는 방식이 아니라, 기업 내 아이디어의 흐름을 원활하게 하는 동적인 조직 운영 방식을 활용해야 한다.

과거에 영국의 어부들이 청어를 잡아 런던까지 운반하다 보면 오랜 시간 시달린 청어들이 잘 죽어버리기 때문에 그것을 막기 위해 천적인 메기를 몇 마리 넣어 함께 운반했다고 한다. 메기를 피해 부지런히 도망 다닌 청어들이 적당한 긴장 속에 오히려 몸이 튼튼해져서 죽지 않고 산 채로 목적지까지 도착할 수 있었다는 것이다. 조직에서도 청어들 사이의 메기처럼 긍정적인 갈등과 논쟁을 일으키는 '이단자(Mavericks)'들의 존재가 반드시 필요하다. 무조건 잘 순응하는 일반적인 구성원과는 다른 관점에서 사물을 바라보고 다른 방식으로 생각할 줄 아는 사람이 조직 안에 반드시 있어야 한다. 그들이 제기하는 질문과 반대가 문제를 해결하기 위한 아이디어를 모으고, 생산성을 높이며, 궁극적으로 조직을 건강하게 한다.

사실 어느 조직, 어느 사회에나 당파가 존재하며, 주류와 뜻을 달리하는 이단자가 있게 마련이다. 이들은 전체의 큰 방향과 대의에는 뜻을 같이하지만, 방법론에서 의견을 달리하거나 행동양식에서 약간의 또는 어느 정도의 차이를 보이는 사람들이다. 한쪽의 입장에서 바라보면 다른 당파, 또는 이단자들은 대의를 거스르고 전체를 부정하려는 사람들로 보인다. 그러나 사실은 그렇지 않다. 이들은 오히려 다양성이라는 커다란 가치를 가져다주는 사람들이다. 이들을 어떻게 대우하고 이들에게 어떤 기회를 마련해주느냐에 따라 전체 조직과 사회의 건강함이 판가름 난다.

　최근에는 우리나라 기업들도 중요 직책의 임원을 외부에서 스카우트하거나 이사회를 구성할 때 다른 업종이나 심지어는 경쟁기업 출신을 영입하는 경우가 많다. 기술이나 중요 기밀을 빼 오는 것이 아니라 정당한 절차를 거치는 것이라면, 이는 다양성의 확보라는 측면에서 바람직한 현상이다. 그런데 사실은 내부의 다양한 그룹과 마이너리티를 어떻게 대우하느냐 하는 것이 더욱 중요한 문제다. 이미 내부에 존재하는 다양성의 씨앗을 보존하지 못하면서 외부에서 일부의 사람들을 데리고 와서 변화를 시도하는 것은 곧 한계에 부딪히게 된다. 다양성이 존중되지 않는 상황에서는 외부에서 애써 영입해 온 인재를 기존의 주류에 동화시키는 데 힘을 다 빼거나, 외부 출신 CEO의 지휘 아래 또 하나의 일사불란함을 만들기가 십상이다. 그 과정에서 원래 의도했던 변화 방향의 많은 것을 놓치게 된다.

　어차피 다양한 출신배경과 그룹이 생기는 것은 막을 수 없다. 중요한 것은 그것들이 대의를 바라보는 시야를 가리지 않도록 하는 것이다. 그리고 같은 조건이라면 주류에서 벗어난 사람을 쓰는 것, 같은 능력이라면 마이너리티를 우대하는 것과 같은 의도적인 노력이 필요하다. 심지어는 약간의 능력을 포기하더라도 다양성의 확보는 그 이상의 효과를 가져다준다는 믿음이 있어야 한다.

전문화의 양면성
판 다 와   곰

생물 세계에서 전문화는 매우 필요하면서도 한편으로는 상당히 위험한 양면성을 가진 전략이다. 생물들이 살아남기 위해 취하는 전략 가운데 하나는, 생태계 내에서 독특한 한 위치를 차지하고 적어도 그 위치에서는 다른 종이 따라오지 못할 정도의 경쟁력을 갖추는 것이다. 한두 가지 측면에서 극단적인 효율을 추구함으로써 전문화를 이루는 것이다. 그런데 그로 인해서 다른 능력들은 포기할 수밖에 없다. 그 결과 전문화에 성공한 생물들은 환경에 큰 변화가 일어나면 유연하게 대응하지 못하고 큰 위험에 빠질 가능성이 커진다.

전문화에 성공한 생물의 예로 중국의 판다를 들 수 있다. 과거에는 너구리의 일종이라고 알려졌지만, 지금은 곰과로 분류되는 판다는 대나무, 그중에서도 직경 13밀리미터 정도의 죽순을 주로 먹고 산다. 먹이가 아주 부족한 경우에는 다른 종류의 식물이나 물고기, 설치류 등을 잡아먹기도 하지만, 기본적으로 판다는 대나무 숲이 없으면 살아갈 수 없다. 원래 육식동물로부터 진화한 판다는 대나무의 식물성 셀룰로스를 효과적으로 소화시키지 못한다. 그래서 자신의 체구를 유지하기 위한 에너지를 생산하려면 비슷한 크기의 다른 동물들보다 훨씬 많은 양의 먹이를 섭취해야 한다. 몸무게가 대략 75~160킬로그램인 이들은, 하루 평균 12.5킬로그램의 대나무를 먹으며, 이를 위해 10~12시간을 먹이를 먹는 데만 쓴다. 이들이 왜 이런 모습으로 진화하게 되었을까?

과거의 한때, 아주 넓은 지역에 대나무 숲이 광활하게 펼쳐져 있어서 그 안에서 대나무를 먹이로 삼아 살아가는 것이 천적도 드물고 먹이 걱정도 없는 아주 효과적인 생활방식이었을 것이다. 판다는 다른 동물들에 비해 대나무 숲에서 더 잘 살아갈 수 있도록 적응하는 데 성공한 것이다. 그러나 현재는 대나무 숲의 면적이 크게 줄어들면서 판다는 멸종위기 동물이 되어 있다. 이와 달리 다양한 먹이를 섭취하고 환경에의 적응력이 뛰어난 동물들도 있다. 판다와 비슷한 곰은 잡식성으로서 못 먹는 것이 거의 없다. 동물성과 식물성을 가리지 않고, 큰 먹잇감과 작은 먹잇감을 가리지 않는다.

그래서 이들의 서식지는 아주 넓게 분포한다.

인간 세계에서 전문가들이란 새로 배우려 하지 않으려는 사람들이라는 말이 있다. 새로 배운다는 것은 자신이 전문가가 아니라는 것을 드러내기 때문이라고 한다. 초등학교 어린이들이 존경하는 위인으로 플로렌스 나이팅게일(Florence Nightingale, 1820~1910)이 빠지지 않는다. 그녀는 전쟁터에서 부상당한 많은 군인들의 목숨을 살렸다. 크림전쟁에서 수많은 병사들이 죽어나갈 때, 당시 군의관들은 부상의 후유증이 사망의 가장 주된 원인이라고 생각했고 그것을 어쩔 수 없는 일로 간주했다. 그러나 나이팅게일은 청결을 유지하고 위생과 섭생에 주의를 기울이며 정성으로 환자들을 보살피면, 많은 부상병들을 죽음에서 구할 수 있다고 생각했다. 전염병과 감염에 대한 지식이 상당히 보편화되고 있었음에도 불구하고, 기존의 군의관들은 하지 않았던 일을 나이팅게일은 깨닫고 실천했다. 당시의 전문가들인 군의관들이나 의무병들의 관점에서 보면 이방인이었던 나이팅게일은, 전장으로 직접 뛰어들어 참상을 목격한 최초의 여성으로서 기존의 전문가들이 보고도 알아차리지 못한 것을 알아차렸다. 여기서 얘기하고자 하는 것은 왜 그들은 알아차리지 못했을까 하는 것이다.

미국 일리노이대학교의 심리학 교수 다니엘 사이먼스(Daniel Simons)가 진행한 '보이지 않는 고릴라(The Invisible Gorilla)'라는 실험이 있다. 사람들이 흰 옷을 입은 팀과 검은 옷을 입은 팀으로 나뉘어 공을 패스하는 화면을 보여주며, 참가자들로 하여금 흰 옷을 입은 사람들이 몇 번 패스하는가를 세도록 한다. 중간쯤 지나서 화면에 고릴라 인형을 뒤집어쓴 사람이 가슴을 치며 지나간다. 그런데도 대부분의 참가자들은 고릴라가 지나가는 것을 전혀 알아차리지 못한다. 사이먼스 교수는 고릴라 테스트에 대해 이미 알고 있는 사람들을 대상으로 업그레이드 실험도 진행했다. 두 편의 사람들이 공을 패스하고, 똑같이 고릴라가 지나가는 사이에 커튼 색이 바뀌고 선수 하나가 밖으로 나가도록 했다. 이때도 대부분 참가자들은 고릴라는 알아차리면서 다른 변화에 대해서는 인지하지 못했다. 이 실험은 사람들이 특정한 임무나 전문적인 분야에 집중하고 있을 때, 주변에서 일어나는 제반 상황의 전개나 변화에 대해서 얼마나 둔감한지 잘 보여준다. 전문가들은 자기들이 집중하고 전념하는 일 주변에 어른거리는 새로운 변화를 오히려 일반사람들보다 쉽게 알아차리지 못한다. 나이팅게일은 그 전문가 그룹의 밖에 있었던 것이다.

전문화는 현재 처한 환경에서는 가장 효율적인 생존방식일지라도, 환경이 변하면 비극적인 결말을 맞을 운명을 품고 있다. 아주 효과적이고 훌륭한, 또는 치명적인 전략을 개발했다고 해도 그것은 단기적일 수밖에 없다. 장기적으로 볼 때는 치명적인 창끝이 자기 자신에게 되돌아온다. 살짝 스치기만 해도 적에게 상처를 입힐 수 있는 날카로운 창은 솜씨 좋게 잘 다루지 않으면 자기 자신에게 상처를 입힐 수도 있다. 오래 쓰다 보면, 뭉툭한 다른 무기에 비해 끝이 부러지기도 쉽다. 다시 말하면 전문화는 상황의존적이다. 임기응변적이거나 상황개척적이지 못하다. 그런데도 사람들은 극단적으로 전문화된 것에서 아름다움을 느낀다. 곰보다는 판다를 더 아름답다고 느낀다. 전문화의 아슬아슬하고 극단으로 치닫는 처연한 느낌으로부터, 마치 시퍼렇게 날이 선 창을 보는 것처럼 비장미를 느끼는 것이다. 그들이 가진 능력이 최종적으로 추구하는 목적이 무엇이든, 사람들은 더할 것도 뺄 것도 없는 그 최적의 상태에서 우아함을 느낀다. 문학작품에서도 사람들은 임기응변적이고 모사에 능한 악당보다는 운명이 정해준 대로 한 방향으로만 달려가는 주인공에게 훨씬 공감하고 쉽게 감정이입을 한다. 뭔가 이상하지 않은가? 전문화가 위험스럽고 불안하기만 한, 그래서 장려하기보다는 폐기해야 할 전략이라면, 사람들은 거기에서 아름다움을 느끼지 못할 것이다. 오래도록 보존해야 할 이유가 없는 것에 호감을 느낀다는 것은 진화의 원칙에 위배되기 때문이다.

왜 그럴까? 그 답은 한 마디로 인류의 조상들이 이미 전문화의 위험성을 알고 있으되, 그 위험을 극복할 새로운 전략을 개발했기 때문이다. 그늘은 제쳐두고 빛을 즐길 수 있어서다. 인류는 개인들의 전문화에 대한 저항을 최소화하고 오히려 장려함으로써 전체의 다양성을 확보하는 데 성공했다. 그것이 인류라는 종 전체의 성공요인이 되었다. 그 전략 중의 하나가 시장을 통한 교환이다. 소비를 위한 완결성을 갖추지 못했더라도 부품 또는 중간재로서의 가치를 지니는 것들은 시장을 통해 보상받는다. 또 시장을 통해서 시간과 장소의 괴리, 그리고 사람들 간의 선호도의 차이가 극복된다. 사람들은 자기의 소비에 필요한 것을 전부 스스로 해결하는 대신, 시장에서 보상받을 수 있는 것이라면 무엇이든지 선택해서 그 한 가지에 몰두함으로써 자신의 능력을 전문화할 수 있었다. 그러는 사이 시장을 통해 보상받을 수 있는 것들의 종류는 점점 늘어갔다. 시장이야말로 인류가 다양성을 확보하여 환경변화에 아주 유연하게 적응할 수 있도록 한 최고의 발명품이었다.

그런데 교환이 가능한 것들을 대상으로 삼는 시장의 존재만으로는 여전히 설명되지 않는 영역이 있다. 사람들의 능력 가운데는 당장 교환될 수 없는 것들도 있으며, 심지어는 당대의 대다수 사람들로부터 무시되거나 배척당하는 것들도 많다. 그럼에도 불구하고 어떤 이들은 아직 시장이 형성되지 않은 그것들을 기꺼이 추구한다. 그 결과가 인류의 발전과 지적, 문화적 다양성에 지대한 공헌을 한 사례를 우리는 많이 알고 있다. 코페르니쿠스의 지동설이 그렇고, 멘델의 유전법칙 발견, 고흐의 그림, 그 외에도 수많은 예술가, 종교인들의 헌신과 이름을 남기지 못한 과학자, 철학자들의 사색이 있었다. 이들을 통해 인류는 변화에 적응할 뿐 아니라 스스로 세상의 변화를 이끌어 내는 유일한 생물종이 되었다.

당장에는 쓰임새도 없고, 시장에서 교환도 되지 않는 것들을 사람들이 어떻게 추구할 수 있었을까? 그 근저에 바로 '사회적 배려'와 '안전망(Safety Net)의 제공'이 있었다. 인간으로 태어난 우리 모두는 대체할 수 없는 잠재성의 보유자들이다. 인류는 뛰어난 강자나 천재들만이 아닌 이단자들과 국외자들도 살아갈 수 있도록 허용하는 시스템을 정교하게 발전시켜 왔기 때문에, 당장 시장에서 교환될 수 없더라도 잠재성을 지닌 것들을 추구할 수 있었다. 시장과 사회적 배려라는 두 가지 수단으로 전문화를 추구하는 개인들의 약점을 극복하게 했기에 인류는 전문화를 보다 적극적으로 추구할 수 있었고, 그 혜택을 후대의 인류가 고루 누릴 수 있게 되었다. 그 결과 극단적으로 전문화된 상태의 아슬아슬하고 비장한 모습에서도 아름다움을 느낄 수 있는 것이다.

최근 들어 시장과 복지의 역할에 대한 논의가 많다. 대개는 상호배타적이고 상반되는 것으로 인식한다. 한 쪽의 역할을 늘리면 다른 쪽의 역할을 줄여야 한다는 전제에서 주장들이 전개된다. 시장에 대해서는 효용의 극대화를 위한 최고의 장치라는 관점과, 통제가 불가능한 인간 생활의 파괴자라는 시각이 대립한다. 복지에 대해서는 도덕적 당위라는 관점과, 나태의 원천이라는 관점이 대립한다. 비록 복지에 관한 전문가는커녕 문외한에 가깝지만, 내가 보기에 그 두 가지는 모두 전문화의 위험성을 무의식적으로 인식한 인류가 창의적인 개인을 통해 종전체의 다양성을 확보하기 위한 수단으로 발명해 낸 최고의 장치들이다. 시장만으로는 당장의 효율성은 극대화할 수 있을지 모르지만, 예견할 수 없는 위험에 적절하게 대응할 수 없다. 더구나 시장의 경쟁에서 살아남는 일부 소수에 의해서만 움직여지는 세상은 기계적이고 무미건조한 곳이 될 가능성이 크다.

그래서 복지가 필요하다. 사회적으로 복지가 필요한 이유를 윤리적 측면에서 생각할 수도 있고, '깨진 유리창의 법칙(Broken Windows Theory)'에 비추어 사회 전체의 안전과 편의를 위한 것이라고 생각할 수도 있다. 그러나 진정으로 복지가 필요한 이유는, 다수 개인들의 창의성과 다양성을 이끌어 낼 조건이라는 점이다. 당장 먹고사는 문제에서 한 발짝만 떨어져도 생존이 보장되지 않는다면, 어떻게 '다른 생각'이나 '창의성'을 기대할 수 있을까? 복지를 통한 최소한의 발판 위에 시장을 통한 교환과 보상을 더해 창의성이 촉진되고 지속적으로 유지될 수 있는 것이다. 따라서 시장과 복지는 한쪽으로 치우쳐서도 안 되고, 상호 지탱하고 의지하며 떠받치는 두 개의 기둥이 되어야 한다. 어느 한 쪽으로 치우쳐서 생긴 문제는 계속해서 보완해 나가야 한다.

기업에서도 마찬가지다. 현재의 제품, 고객만족 체계, 또는 기업 목적을 달성하기 위한 효율성은 지속적으로 추구되어야 한다. 전문화와 불필요한 비용의 감축 등이 그 수단이 될 것이다. 그러나 한편으로 현재의 최적상태에 도전하는 이단적인 아이디어가 기업 내부에서 계속 나와야 한다. 기업 밖에서 생겨나는 도전은 모두 생존에 대한 위협이다. 스스로 변하는 것만이 그런 위협에 대한 대응책이 될 수 있다. 이단적인 아이디어를 위해서는 창조적인 게으름이 장려되어야 한다. 조직구성원의 일부는 항상 제3자적인 관점을 유지하고, 현재 체계에서의 효율 극대화와 관계없는 '다른 생각'을 할 수 있어야 한다. 비유적으로 말하자면 판다의 입장에서 대나무를 더 잘 씹고 쉽게 소화시키는 능력도 중요하지만, 대나무가 아닌 풀뿌리와 열매를 씹어보거나 개미를 건드려보는 딴짓도 중요하며, 그렇게 딴짓을 하는 판다들이 살아갈 수 있어야 한다는 것이다.

영국 음반시장에서 시장점유율 40퍼센트를 차지한 HMV는 1990년대 말까지 세계 최고기업으로 손꼽혔다. 도시 중심가에 자리잡은 HMV 매장에서 고객들은 여러 음반을 살펴보고 음악을 직접 들어본 후, 원하는 CD를 구매할 수 있었다. 1990년대에 매장 수는 영국에서만 약 100개, 세계적으로 320개를 넘어섰다. 2002년 런던증

권거래소에 상장되었으며, 기업가치는 약 10억 파운드에 달했다. 바로 그 무렵 아마존(Amazon)이 온라인으로 CD 판매를 시작했고, 몇 년 뒤에는 인터넷 음악 다운로드 서비스가 시작되면서 2003년 애플(Apple)의 아이튠즈 서비스가 등장했다. 그래도 HMV는 성장하고 있었고, 2008년 전 세계 매장 수는 600개를 넘어섰다. 그러나 그때가 정점이었다. 2010년에 들어서야 HMV는 디지털음반 매장을 열었지만 이미 너무 늦었으며, 결국 2013년 1월 법정관리에 들어갔다. HMV의 광고대행사에서 HMV를 둘러싼 온라인 음반 판매, 음악 다운로드 서비스, 슈퍼마켓 체인의 할인판매 등의 위험을 보고했을 때, HMV의 이사회에서는 "진정한 음악 팬들은 슈퍼마켓 체인에서 음반을 사지 않는다. 그리고 음악 다운로드는 단지 일시적인 유행에 불과하다."는 말이 나왔다. 그들은 모두 기존 음반시장의 전문가들이었다.

이처럼 집단 내의 모든 사람들이 한 방향으로 전문화된 상태라면 집단 전체가 쉽게 무력해질 수 있다. 물론 전문화를 전적으로 부정적인 것으로만 폄하할 필요는 없다. 다만 전문화는 필요충분조건이 아니라는 것이다. 전문화에는 강점도 있지만 분명한 약점도 있기 때문에, 집단 구성의 다양화와 이단자의 유입, 이들을 통한 유연하고 빠른 상황 대처를 통해 그 약점을 보완하지 않으면 안된다.

최선과 극단
쫓 기 는 검 객

가상의 사극 영화 한 장면을 상상해
보자. 검객 한 명이 여러 명의 적에게 쫓겨 위험에 빠졌다. 그는 몸
을 숨겨 어느 건물 안으로 들어갔다. 건물에는 반대 방향으로 두
개의 문이 나 있다. 방안을 둘러본 검객은 한쪽 문을 안에서 잠그
고 반대쪽 문 앞에 서서 칼을 움켜쥐고 숨을 몰아쉰다. 이 검객은
과연 최선의 방비를 하고 있을까? 그는 사실 이 건물의 구조에 대
해 잘 모른다. 적들은 지붕을 뜯고 들어올 수도 있고, 굳게 잠근 것
으로 생각한 반대편 문은 밖에서 쉽게 열 수 있을지도 모르며, 견
고할 것으로 생각했던 벽이 쉽게 허물어질지도 모른다. 그런데도
검객이 등 뒤로 아무런 방비도 하지 않은 채 한 쪽 문만 노려보고

적을 기다린다면 아주 어이없게 목숨을 잃을 수 있을 것이다. 물론 그가 주인공이라면 각본이 그렇게 써지지 않겠지만, 만약 악당에게 그런 일이 벌어진다면 관객들은 박수를 치며 통쾌해할 것이다.

참기름은 우리나라 사람들이 아주 좋아하는 식품이다. 고소한 참기름 한 방울은 비빔밥이나 미역국의 풍미를 올리고 맛을 좋게 한다. 참깨 한 말을 잘 씻어 말리고 볶은 후 압착기에 넣고 기름을 짜면 약 2.8리터의 참기름이 나온다. 참기름의 가격이 비싸기 때문에 여기서 조금만 더 많이 기름을 짜낼 수 있다면 더 많은 돈을 벌수 있다. 게다가 참기름을 짜고 남은 찌꺼기인 깻묵에서도 고소한 향이 나는 것을 보면, 압력을 더 세게 가하면 참기름이 더 많이 나올 것 같기도 하다. 그렇다면 압력을 최대한으로 높여서 마지막 한 방울까지 짜내는 것이 참기름 짜기의 최선일까?

학문적 느낌이 들도록 표현하자면, 참기름 짜기의 평가를 압력으로 환원(Reduction)할 수 있을까? 상식적인 사람이라면 고개를 가로저을 것이다. 참기름은 양만 중요한 것이 아니라 그 맛과 향이 더 중요하다. 어느 수준까지 압력을 증가시키면 맛과 향에 영향을 주지 않으면서 양이 늘어나겠지만, 너무 센 압력을 가하면 불필요한 성분이 섞여 들어가 텁텁한 맛이 날 수 있다. 따라서 참기름 짜기에 압력이 중요한 요소이기는 하지만, 유일하게 중요한 요소는 아니며 압력으로 환원되지 않는다.

기업의 경영환경에도 이와 비슷한 일이 있을 수 있다. 국제 곡물 시장에서 밀을 사다가 밀가루를 만들어 국내에 파는 기업이 있다고 치자. 이 회사는 국내시장에서 영업망도 튼튼하고 브랜드도 잘 알려져 있어서 아주 오랫동안 거의 일정한 밀가루 판매가격을 유지할 수 있었다. 수익성은 오로지 얼마나 값싸게 안정적으로 밀을 들여오느냐에 달려 있다. 마침 어느 국제 곡물업자가 앞으로 1년 동안 아주 좋은 조건에 밀을 공급해주겠다고 제안해 왔다. 이 정도 조건이면 지금까지 통상적으로 누려 왔던 영업이익을 상당히 끌어 올릴 수 있다. 제안받은 고정가격으로 1년치 밀을 살 것인가, 말 것인가? 다른 모든 조건이 불변이고 밀의 매입가격이 이 회사의 이익에 영향을 미치는 유일한 변수라면, 당연히 사야 할 것이다. 다른 조건들이 불변이 아니라면 위에서 제시된 정보만으로는 살 것인지 말 것인지를 결정할 수 없다. 만약 국제 곡물가격이 예견할 수 없는 이유로 폭락하게 되면, 안정적으로 유지되어 왔던 국내 밀가루 가격도 영향을 받아 폭락할 수 있으며, 이럴 경우 이 회사는 손해를 본다. 밀가루에 대한 수요가 바뀔 수도 있으며, 공장에 갑자기 문제가 생겨 가동이 어려워질 수도 있다. 밀의 가격에 대해서만 대책을 세우는 것은, 한쪽 문만 방어하는 검객이나 더 많은 참기름을 짜겠다고 무작정 압력을 올리는 참기름 장수와 흡사하다.

COVID19가 한창 기승을 부린 2021년에 개봉된 영화 '최선의 삶'은 임솔아 작가의 동명 소설을 원작으로 한 작품인데, 세 명의 열여덟 살 소녀들이 나온다. 이들은 각자 다른 성격, 다른 능력, 다른 배경을 가지고 있지만, 단짝 친구들이다. 그들이 감행하는 몇 번의 가출과 일탈은 그들 사이의 날 선 감정과 서늘한 분위기와 함께 관객들에게 전달된다. 그들의 행동과 일어나는 사건들은 혼란스러워 보이고 그 결과는 어쩌면 최악이다. 하지만 그들은 각자 나름대로 최선을 다했다는 것이 관객들의 가슴을 먹먹하게 하고 공감을 얻는다. 이것을 뒤집어 생각해보자. 최선을 다하는 것은 과연 최선일까? 최선이라고 생각하면서 '극단적'이 되는 것은 아닐까? 충분히 세상을 경험하고 지혜를 쌓지 못한 청소년들이 막다른 골목에서 하는 선택은 이해와 공감을 얻을지언정 장려될 일은 아니다. 그들을 막다른 골목으로 몰아간 어른들의 반성과 각성이 필요하다.

최선을 다하는 것과 극단적이 되는 것은 다른 것이다. 어떤 문제에 대해서 최선을 다하는 것은 관련된 모든 변수와 상황 요인을 고려해서 최적의 결과가 나오도록 애쓰는 것이다. 그런데 주어진 문제를 일차원적으로 생각해서 오직 하나의 변수로 문제를 해결하려고 환원하면, 답은 해당 변수의 한쪽 끝에서 찾을 수밖에 없다. 극단적이 되는 것이다. 그러나 그런 문제는 세상에 거의 존재하지 않는다. 보고 싶고 믿고 싶은 것보다 현실은 훨씬 복잡하다. 그런 현실을 있는 그대로 보시 않고 단순화해서 어떤 도그마에 빠지거나, 자기가 생각하고 싶은 대로만 생각하고 중간지대에서 일어나는 사실을 사실대로 보지 않으려는 것이 대부분의 사람들이 빠지기 쉬운 함정이다. 그런 점에서 대부분의 극단주의는 복잡한 문제를 놓고 사실은 최선을 다하지 않는 지적 게으름에서 오는 것으로 볼 수 있다. 그리고 내가 여기까지 했으니 원하는 결과가 나오지 않으면 이상한 것이라고 생각하는 오만함으로 이어진다. 이와 달리 최선을 다한다는 것은 두루 살펴 힘을 쏟고, 그럼에도 불구하고 그 결과는 있는 그대로 기다리고 받아들이는 '진인사대천명(盡人事待天命)'의 자세와 같다.

우리나라 사람들이 정치적으로나 일상생활에서나 극단적인 경향이 있다는 지적이 많다. 조선시대의 오랜 당쟁과 6.25전쟁이라는 민족상잔의 비극을 거치면서 터득한 생존법칙 때문이라고 설명하기도 한다. 온건파를 자처하거나, 확실하게 어느 한 편에 위치하지 않고 중간을 선택한 사람들은 어느 쪽이 득세를 하더라도 항상 희생당했고, 균형 잡힌 시각을 유지하려 애쓰거나 중용을 취하려는 사람들은 회색분자의 오명을 뒤집어썼다. 그 와중에 50퍼센트의 확률로라도 살아남기 위해서는 확실하게 어느 한 쪽 편을 들어야 했다. 그러고도 계속 떨궈내기 싸움이 일어났기 때문에 선명성 경쟁이 계속되었다는 것이다. 받아들이고 싶지 않지만 그럴싸한 얘기다.

홉스 봄은 20세기를 '극단의 시대'라고 불렀다. 식민지, 한국전쟁, 군사쿠데타와 독재, 수천 명의 시민들이 학살된 1980년 광주민주화항쟁 등, 한국의 20세기는 그야말로 '극단의 시대'였다.

극단주의가 판치는 바람에 역사의 비극을 감수해야 했던 것은 우리나라만의 얘기는 아니다. 프랑스에서도 왕정을 전복하고 새로운 정치체제인 공화정이 들어섰으며, 이후 세계적인 자유민주주의 체제의 시발점이 되었던 대혁명의 시기에 극단주의가 판을 휩쓸었다. 혁명의 주도권을 쥔 로베스피에르(Maximilien François Marie Isidore de Robespierre)는 혁명의 이상을 부르짖으며 자신의 정치적 목적에 부합하지 않는 사람들을 혁명의 적으로 몰아 단두대로 보냈다. 그가 집권한 몇 년 동안 단두대에서 죽어 간 이들만 1만7,000여 명에 달했다고 한다. 자유, 평등, 박애의 이상을 부르짖던 그 시기에 실상은 기존 구체제보다 훨씬 폭압적이었고 살육과 폭력이 난무했던 것이다. 결국 로베스피에르도 반대파의 반란으로 체포되어 단두대의 이슬로 사라졌고, 결국에는 또 다른 극단의 형태인 전제군주제를 부활시켜 나폴레옹에 의해 전 유럽을 피로 물들이는 결과를 낳았다. 이 외에도 히틀러의 나치즘, 스탈린의 대숙청, 모택동의 문화혁명 등 극단주의에 따른 역사적 비극은 어느 시대, 어느 나라에서나 찾아볼 수 있다.

그러나 정치적 극단주의는 일시적으로 득세하여 국민들을 현혹시킬 수 있지만, 국민들이 한 방향의 극단주의를 오랫동안 용납하지는 않는다. 그런 점에서 극단주의는 분명 역사적 진화의 법칙에 위배된다.

그럼에도 불구하고 정치적으로나 기업 내에서 또는 사람들의 일상생활에서조차 극단주의가 횡행하는 이유는 무엇일까? 미국 하버드대학교 법과대학의 캐스 선스타인(Cass Sunstein) 교수는《우리는 왜 극단에 끌리는가(Going to Extremes)》에서 그 답을 제시하고 있다.

극단적 주장은 논지를 펴기가 쉽다. 단순 명쾌하기 때문에 받아들이는 입장에서도 산뜻한 쾌감을 준다. 게다가 생각이 같은 집단 속에서 사람들은 더 극단으로 흐르는 경향이 있다. 기본적으로 사람들은 동조자를 만나면 기쁘고, 반대자를 만나면 마음이 불편해진다. 내 생각이 옳은지 그른지 확신이 서지 않을 때, 나와 생각이 같은 사람을 만나면 안도감이 든다. 확신이 강해진다. 그것에 비해 있는 그대로의 현실은 복잡하고 어렵다. 내용을 다 안다고 해도 그 내용을 다른 사람에게 전부 설명한다는 것은 매우 힘든 일이다. 결론만 얘기하고 빨리 사람들의 동조를 끌어내고 싶은 유혹을 느낀다. 복잡하게 얘기하면 "그래서 어쩌라고?" 식의 반응이 나오기 쉽상이다. 그보다는 인정받고 싶고, 환호 받고 싶고, 갈채 받고 싶다. 그래서 이런 변수, 저런 조건 다 빼고 결론을 합리화시킬 수 있는 가장 쉬운 길을 찾는다. 한 가지 척도, 한 가지 변수로만 답을 찾고, 나머지 변수들은 상수로 취급하거나 중요하지 않은 것으로 치부한다. 그러다 보면 결국 답은 극단에서 나온다. 그런 점에서 극단주의는 정신적인 유약함과 나태함의 산물이다.

다른 사람, 특히 잘 모르는 사람, 껄끄러운 사람, 또는 반대 입장을 가진 사람과 얘기할 때 주의할 점은, 사실을 먼저 확인하고 받아들일 것은 받아들여야 한다는 것이다. 그런데 대개 사실보다 먼저 상대방의 의도와 입장을 보려 한다. 도덕적 판단, 윤리적 잣대를 만지작거리며 사실에는 귀 기울이지 않는다. 그 순간 진정한 소통은 불가능해지고, 종교, 이념, 정파적 입장에 따른 극단주의가 시작된다. 그리고 극단은 극단을 부른다. 같은 입장의 사람들끼리는 선명성 경쟁을 벌이고, 입장이 다른 사람들끼리는 한 쪽은 줄자를 들고 다른 쪽은 저울을 들고 싸운다.

기업이 단기적 이익에 지나치게 집중하는 태도도 일종의 극단주의다. 기업의 성장과 발전 또는 기업 가치에 영향을 미치는 요인은 수없이 많다. 그중에서 단기적 이익은 누구나 쉽게 알 수 있는 척도다. 게다가 이익은 일반적으로 나쁜 것이 아니라 좋은 것이다. 그런데 단기적 이익을 쉽게 극대화하려면 종업원의 급여와 복리후생은 최대한 줄이고, 교육훈련은 없애버리고, 공급업체는 최대한 쥐어짜고, 고객들에게는 최소한의 서비스로 최대의 지출을 뽑아내면 된다. 그러나 이런 식의 경영에 동의하는 경영자가 얼마나 될까? 단기적인 이익과 장기적인 성장, 발전이 서로 충돌하는 경우, 후자를 일방적으로 희생시켜서는 안 된다는 것에 원론적으로는 대개 동의한다. 그러나 실제로는 단기적인 이익만 염두에 두고 장기적인 성장, 발전을 저해할 수 있는 의사 결정을 내리는 경영자를 적지 않게 볼 수 있다.

2012년, 미국의 투자은행 골드만삭스(Goldman Sachs)의 파생상품 사업부의 유럽과 중동, 아프리카 지역 책임자였던 그렉 스미스는 〈뉴욕타임스(The New York Times)〉에 "나는 왜 골드만삭스를 떠나나?"라는 글을 기고하고 사표를 제출했다. 그는 "골드만삭스의 기업문화는 아주 지독하고 파괴적이다. 그들은 고객을 '봉'으로 여기며 고객의 돈보다 회사 이윤을 불리는 데만 관심이 있다."고 썼다. 팀워크, 성실, 겸손이라는 고유의 기업문화가 골드만삭스를 위대하게 하고 143년간이나 고객의 신뢰를 얻게 한 비결이었는데, 공공연하게 고객들을 '봉(꼭두각시 인형, muppet)'이라고 부르고, 고객에게서 돈을 무조건 많이 빼내는 것만 따지는 형편없는 문화가 되어버렸다는 것이다. 이 사태로 인해 골드만삭스의 주가는 급격하게 떨어졌다. 드러나지 않게 고객의 신뢰도에 끼친 악영향은 숫자로 계산할 수 없을 정도였다. 단기이익에 극단적으로 집착한 결과 벌어진 일이었다.

또 미래에 닥칠 수 있는 환경적 위험을 평가하는 태도에서도 극단적인 경향을 발견할 수 있다. 사람들은 대개 위험이 닥친 후 그것에 대해 제대로 준비하지 않았던 것에 크게 후회하고 반성한다. 그렇지만 위험에 과도하게 대비한 것에 대해서는 반성하지 않는 경향이 있다. 위험에 대비한다는 것은 사실 자원을 동원하고, 비용을 쓰고, 때로는 미래 성장동력의 상실을 감수하는 일이 되기도 한다. 실제로 경고한 위험이 닥치지 않으면 사람들은 안도의 한숨을 내쉬며 다행이라고 생각하고, 반성의 필요를 그다지 느끼지 않는다. 실제로 위험이 닥치면 "그것 보라."면서 가장 목소리를 높인 사람이 공을 차지하는 경우가 많다. 역할과 책임 또는 보상의 불균형이 발생하는 것이다. 그러다 보니 위험을 제대로 평가하고 대비하려는 노력이, 단순히 목소리를 높이는 것에 비해 동기를 부여받기 어렵다.

실제로 다가올 위험에 대해 더욱 정확하게 평가하고 최선의 대비를 할 수 있도록 끊임없이 노력하는 것이 아니라, 과도한 주장으로 목소리만 높이면서 실제 할 수 있는 일을 게을리하는 사람들이 있다. 이들은 구체적인 위험 요인이나 주변 환경의 변화에 대해 둔감하고, 지속적인 개선을 무시한다. 오히려 그런 태도가 위험을 불러일으킨다. 이처럼 극단을 선택하는 사람들은 목소리가 아무리 높아도 사실은 유약하고 나태함을 감추고 있는 반면, 최선을 다하는 사람들은 목소리는 나지막할지 모르나 용기를 가지고 끊임없이 노력한다. 우리가 사는 현실에서는 그런 사람들을 다양하게 모으고, 그들의 목소리에 귀를 기울이려는 노력이 필요하다. 물론 최선을 다한다면서 극단을 주장하는 사람들을 경계해야 하는 것은 두말할 나위가 없다.

아는 것과 안다고 생각하는 것
해골바가지에 담긴 물

원효대사의 '해골바가지에 담긴 물'
이야기는 많이 알려져 있다. 원효는 도반(道伴)인 의상과 함께 중
국 당나라의 현장법사에게 가르침을 얻으러 길을 떠났다. 어느 날
산속에서 날이 저물자 겨우 몸을 누일 곳을 찾아 잠이 들었다. 곤
하게 잠을 자던 원효는 한밤중에 목이 말라 주변을 더듬거렸는데,
손끝에 바가지 같은 것이 잡혔고 그 안에는 반갑게도 물이 담겨 있
었다. 그는 시원하게 그 물을 들이켜고 다시 잠에 빠졌다. 아침에
잠에서 깨어 주변을 둘러본 그는 깜짝 놀랐다. 잠을 자던 바로 옆
에 해골이 있었고, 자신이 한밤중에 시원하게 들이켰던 물은, 다름
아닌 그 해골에 담겨 있던 물이었다. 구역질이 올라와 괴로워하던

원효는 문득 이런 생각을 했다. "그 물이 어젯밤에도 똑같이 해골바가지에 담긴 물이었는데, 시원한 물로 생각하고 잘 마셨지 않았는가? 왜 물을 마신 지 한참 지난 지금 내가 괴로워하고 있는가?" 그 순간 원효는 '진리는 결코 밖에서 찾을 것이 아니라 자기 자신에게서 찾아야 한다.'는 깨달음을 얻어 유학 가던 길을 멈추고 신라로 돌아왔다. 이후 그는 세상 어디에나 진리는 있으며, 모든 것은 사람의 마음에 달려 있다는 자신의 깨달음을 바탕으로 포교에 힘썼다.

사실 이 이야기는 자칫 잘못 해석될 여지가 있다. 해골바가지의 물도 마음먹기에 따라 달콤한 물이 될 수 있으니 아무리 힘들고 어려워도 마음만 잘 먹고 참고 견디면 된다는 얘기로 들릴 수도 있는 것이다. 그런데 불교 교리를 잘 모르는 내가 보기에도 원효대사께서 대중들을 그렇게 가르치지는 않았을 것 같다. 중생의 어려움을 구제하는 것을 큰 사명으로 여기고 실천한 분의 깨달음이 단순히 그런 의미였을까? 한번 생각해보자.

원효가 마신 물은 분명 해골바가지에 담겨 있었다. 그러나 그 물을 마셨을 때, 그는 시원하고 달콤한 물로 알았다. 이때 그가 안 것은 과연 실제로 아는 것이었을까? 아니다. 해골바가지의 썩은 물을 시원하게 들이켠 것은 결코 잘된 일이 아니다. 잘못 안 것에 대해서는 수정해서 바로 알아야 한다. 정말 시원하고 깨끗한 물을 찾아서 마셔야 하고, 해골바가지에 담긴 물은 다른 사람이 혹시라도 같은 실수를 반복하지 않도록 깨끗이 비워버려야 한다. 아는 것과 안다고 생각하는 것은 분명 다른 것이다. 우리가 안다고 생각하는 것에 대해 회의(suspicion)하고 검증하고 제대로 알기 위한 노력을 해야 할 필요성이 바로 여기에 있다. 우리가 안다고 생각하는 것들 가운데 많은 부분은, 우리의 두뇌가 확실히 깨어 있는 상태에서 아는 것이 아니라 잠결과 같은 상태에서 단지 안다고 믿고 있는 것인지도 모른다.

기독교 성경의《고린도 전서》8장에는 이런 구절이 있다. "지식은 교만하게 하며, 사랑은 덕을 세우나니, 만일 누구든지 무엇을 아는 줄로 생각하면, 아직도 마땅히 알 것을 알지 못하는 것이요." 역시나 안다고 생각하는 것에 대한 경계의 말씀이다. 이 말씀의 배경은 이렇다. 고린도 교회 신자들 사이에 우상에게 바쳐진 제물을 먹어도 되는지에 대한 논란이 벌어졌다. 한쪽 사람들은 우상이나 제물은 잘못된 것이고 부정한 것이므로 먹으면 안 된다고 했고, 다른 사람들은 그것들이 하나님과 아무 상관이 없고 믿음을 해칠 힘도 갖지 못하므로 먹어도 무방하다고 했다. 결국 그들은 사도바울에게 편지를 보내 질문을 했다. 이에 대한 답이 바로 앞의 내용이다. 사도바울은 우상이나 제물은 하나님의 관점에서 아무런 권위나 힘이 없기 때문에 앎의 측면에서는 후자의 사람들이 옳다고 인정했다. 그러나 그 앎이 마땅히 알아야 할 것의 끝이 아니었다. 우상에게 바쳐진 제물을 먹어도 된다고 하면 아직 믿음이 굳건하지 못한 초신자들이 믿음의 끈을 놓칠 수도 있기 때문에, 형제와도 같은 그들을 사랑한다면 먹지 않는 것이 덕을 세우는 길이라고 설파한 것이다. 그것까지 알아야 한다는 것이다.

아는 것은 모르는 것보다 일반적으로 유익하다. 그래서 사람들은 조금이라도 더 배우려고 한다. 다른 사람들이 모르는 것을 알면 인정도 받고 자신에게도 대체로 도움이 되겠지만, 늘 그런 것은 아니다. 지식을 가진 자가 겸손하기는 어려우며 오히려 교만해지기 쉽다. 특히 이미 알고 있는 것과 배치되는 것을 받아들이기 어렵게 된다. 여기에 함정이 있다. 조금 안다고 하는 사람들이 얼마나 편협한지, 안다고 생각하는 것 안에 자신들을 가두고 더 넓게 보지 않으려 하며, 더욱이 교만해지기까지 하는 것은 예나 지금이나 여전한 것 같다. 사도바울은 그런 사람들에게 지식이 아니라 사랑이 먼저라는 가르침을 주었던 것이다.

〈회의론자(Skeptics)〉라는 잡지의 편집인인 무신론자 마이클 셔머(Michael B. Shermer)는 《우리는 왜 이상한 것을 믿는가?(Why People Believe Weird Things)》라는 책에서 사람들이 안다고 생각하거나 진실이라고 믿고 있는 여러 가지 이상한 것들의 배후를 밝혔다. 그의 설명에 따르면, 우연과 불확실성으로 가득한 세상에서 사람들이 패턴을 추적하고 인과관계를 찾아내면 생존에 훨씬 더 유리했기 때문에, 가급적 그렇게 하는 방향으로 진화해 왔다는 것이다. 사냥을 할 때 바람을 등지고 서면 사냥감이 냄새를 맡기 때문에 실패하게 된다. 밭에 소의 배설물을 뿌리면 농작물의 수확이 늘어난다. 이렇게 의미 있는 패턴은 확실히 생존에 도움이 된다.

그런데 불행하게도 사람의 뇌가 항상 의미 있는 패턴만을 찾아낸 것은 아니었다. 대표적으로 기우제를 지내면 가뭄이 물러간다는 '인디언 기우제'의 믿음을 들 수 있다. 사실 비는 때가 되면 오는 것이고, 사람들은 비가 올 때까지 기우제를 지낸 것이다. 마이클 셔머에 따르면 이런 미신은 인과적 사고와 패턴적 사고의 메커니즘이 진화하면서 어쩔 수 없이 생겨난 부산물이라고 한다. 잠에서 깰 때 본 환각이 유령이나 외계인이 되고, 나무의 음영이 성모 마리아의 얼굴처럼, 화성 표면의 산들이 드리운 그림자가 외계인이 만들어 놓은 사람의 얼굴처럼 보이는 것도 모두 이 때문이다. 사람들이 비정상적이어서 기적이나 괴물, 신비를 믿거나 부적을 쓰는 것이 아니다. 정상적이고 멀쩡한 사람들도 제대로 된 사고를 하지 못하는 이유가 나름대로 있는 것이다. 이른바 '사고의 오류들'이다. 상관관계를 인과관계로 여기거나 우연의 일치에서 억지로 패턴 유형을 찾아내는 것이 대표적이다.

경제학자 테리 번햄(Terry Burnham)은 신경경제학(Neuro-economics)을 다룬 책《비열한 시장과 도마뱀의 뇌(Mean Markets and Lizard Brain)》를 썼다. 여기서 '도마뱀의 뇌'는 제대로 알지 못하면서 이미 알고 있다고 생각하게 만드는 인과적 사고경향을 일컫는 용어로 쓰였다. 네발 달린 먹잇감들이 어떻게 이동하는지, 열매는 언제 열리고 어디에 분포하는지, 또 그곳까지 가는 길은 어떤 경로가 가장 안전하고 신속한지 등의, 불규칙(Random)하게 보이는 현상에서 일종의 규칙을 찾아내는 것이 '인과적 사고작용'이다. 숲에서 열매를 찾고, 길목에 웅크리고 앉아 짐승들을 사냥하던 원시사회에서 '도마뱀의 뇌'는 아주 유용했다. 그러나 현대자본주의 시장에서 '도마뱀의 뇌'가 억지로 적용한 규칙에 따라 행동하다가는 낭패를 보기 쉽다. 그 자체가 이미 비합리적이고 불규칙하게, 다시 말해서 랜덤하게 움직이기 일쑤인 시장에서 어떤 규칙을 찾았다고 오인하는 바로 그 지점에 큰 재앙이 도사리고 있기 때문이다. 이 책은 2008년 미국발 경제 위기가 터지기 전에 그것을 예측해서 출간 당시부터 화제를 모았다. 이 책에서 테리 번햄이 경고한 것은, 결국 사람들이 안다고 생각하는 것의 위험성이었다.

심리학자들은 안다고 생각하는 것(아는 것이 아니라)이 분노, 두려움처럼 누구나 갖고 있는 일차적 감정이라고 말한다. 아는 것이

지식이라면, 안다고 생각하는 것은 보편적인 감정이라는 얘기다. '인지심리학의 아버지'라고 불리는 미국 코넬대학교의 울릭 네이서(Ulric Neisser) 교수는 9/11 직후 106명의 학생들에게 사고가 났을 때 어디에서 무엇을 하고 있었으며, 어떤 느낌을 받았는지를 쓰도록 했다. 그리고 2년 반이 흐른 후 학생들을 다시 인터뷰해서 같은 질문을 했다. 불과 10퍼센트 미만의 학생들만 자세한 사항에 대해 비교적 정확한 기억을 갖고 있었다. 절반 이상의 학생들은 심각하게 잘못된 기억을 갖고 있었으며, 25퍼센트의 학생들은 전혀 다른 얘기를 했다. 처음에 써 둔 글을 보고 난 후에도 그들은 대부분 "자기의 기억이 맞다."는 식으로 얘기했고, 심지어는 "그건 내가 손으로 쓴 것일 뿐이고, 그런 일은 없었다."고 강하게 주장하는 학생도 있었다. 이처럼 사람들의 기억은 부실하고 부정확하다. 그럼에도 사람들은 그런 기억을 확고부동하게 믿는다. 하지만 안다고 생각하는 것은 결코 아는 것이 아니다.

소설이나 드라마를 쓸 때도 비슷한 생각을 해볼 수 있다. 좋은 작품은 줄거리나 구성도 훌륭해야 하지만, 무엇보다도 구체적인 사실에 대한 묘사가 치밀하고 정확해야한다. 다시 말하면 디테일이 훌륭해야 한다. 그렇지 않으면 독자들의 몰입을 방해하고, 하고자 했던 이야기가 전혀 의도하지 않았던 다른 방향으로 이해될 수도 있다. 드라마 작가 노희경 씨는 자기가 글을 쓰는 수칙 몇 가지를 얘기했는데, 그중의 하나가 "디테일하게 보라."였다. "듬성듬성하게 세상을 보면 듬성듬성한 드라마가 나오고, 섬세하게 세상을 보면 섬세한 드라마가 나온다."는 것이다. 이미 잘 안다고 생각하고 제대로 확인하지 않고 글을 쓰면, 바로 어설픈 작품이 나온다는 경고였다.

기업에서 고객을 상대하거나 관공서에서 주민들을 위한 행정 서비스를 펼칠 때도 마찬가지이며, 연인이나 부부 사이에 상대방의 호감을 얻기 위한 노력도 마찬가지다. 고객과 주민들의 니즈(Needs)를 디테일하고 섬세하게 쫓다 보면, 훌륭한 제품과 서비스 그리고 행정이 나온다. "이런 거겠지. 그런 것 아니겠어?"라는 식으로 듬성듬성하게 생각하면 형편없는 결과, 때로는 원성을 듣는 결과가 나온다. 연애할 때나 결혼생활에서 파트너의 마음을 잘 알고 있다고 자신하는 사람이야말로 파트너의 마음을 다치게 하고 원망을 들을 소지가 높다. 이미 알고 있다는 마음을 버리고, 다시 한번 살피고, 들여다보고, 대화를 나누며 듣고, 스스로의 생각으로 검증해야 한다.

보스톤컨설팅그룹(BCG)의 데이비드 그레이(David Gray)는, 2003년 〈하버드 비즈니스 리뷰(Harvard Business Review)〉에 실린 '구인: 최고 "모름" 책임자(Wanted: Chief "Ignorance" Officer)'라는 짤막한

글에서, 지식경영(Knowledge Management)을 얘기하면서 '모른다는 것'이야말로 아주 중요한 자산이라는 역설을 설파했다. 2018년 미국 포틀랜드주립대의 찰스 웨버(Charles M. Weber) 교수 등은, 〈무지를 관리하기 위한 실용적 이론을 향해(Toward a Pragmatic Theory for Managing Nescience)〉라는 논문에서, 아리스토텔레스가 얘기한 '모른다는 것을 아는 것(dictum scio nescio)'이 조직의 성과를 향상시키는 원천이 될 수 있다면서, '정보이론에 기반을 둔 무지 관리'의 이론적 틀을 소개했다. 이들의 이론에 따르면, 관리자들은 무지를 최대한 줄일 수 있다고 믿는 방향으로 움직이는 경향이 있기 때문에 무지에 대한 인식 여부가 추가 조사의 방향을 설정하는데, 대체로 무지에 대한 정량화가 어렵기 때문에 주로 직관에 의존한다는 것이다. 그런데 정보 엔트로피와 관련된 메트릭스를 사용해서 무지를 정량화할 수 있으며, 이 경우 문제들이 더 잘 구조화되는 경향이 있다는 것을 보여주었다.

자본주의 사회에서 시장이 불안정하고 일반 대중들의 삶이 불확실해질수록 사람들은 이 변덕과 우연성을 어떻게든 설명하고 싶어 하고, 이런 마음이 사이비 과학이나 미신, 미혹에 속기 쉬운 상태를 낳는다. 한 번 속아서 어떤 것을 믿게 되면, 그것은 마음속에 하나의 사실로서 자리를 잡게 되고 어지간해서는 고치기 힘들게 된다. 그렇기 때문에 이미 알고 있다고 생각하는 것에 대해서도 끊임없이 회의하고, 비판적인 관점에서 다시 들여다보고, 구체적인 현실 세계에서 일어나는 일과 배치되지 않는지 다시 관찰해야 한다.

마이클 셔머는 훌륭한 목수나 골프선수, 피아니스트가 되기 위해서 엄청난 노력과 훈련이 필요한 것처럼, 과학적, 비판적 사고를 통해 '아는 일'을 제대로 하기 위해서도 훈련과 경험, 노력이 필요하다고 한다. 우리가 안다고 생각하는 것은 의외로 허술하거나 사실과 다른 경우가 많은데도, 안다고 생각하는 것은 새로운 것, 무언가 다른 것을 더 받아들이는 것을 방해한다. 우리의 두뇌가 대체로 나태한 경향 때문이다. 즉, 모른다는 것을 알기보다는 알고 있다고 믿는 편이 더 편하기 때문에 그것이 디폴트(default) 상태가 되는 것이다. 이런 것이 위험한 것이며, 실패의 원인이다.

이런 위험에서 벗어나기 위한 정답은, 앞에서도 한번 말한 바처럼, 이미 알고 있다는 마음을 버리고, 다시 한번 살피고, 들여다보고, 대화를 나누며 듣고, 스스로의 생각으로 검증하는 것이다. 안다고 생각하는 것은 대부분 남에 의해 주어진 것이다. 그것은 아는 것이 아니다. 복잡한 현실을 단숨에 꿰뚫는 쉽고 단순한 해답을 얻으려는 성향이 우리에게 항상 도마뱀처럼 머리를 치켜드는데, 단순한 해답은 그리 쉽게 존재하지 않는다. 정말 제대로 알기 위해서는 자신의 직관을 주목하고, 그것을 뒷받침하기 위해 스스로 세상을 관찰해야 한다.

CHAPTER 3

제대로 실행하기

......

살아 남으려고 밤새 발버둥을 치다가

입 안에 가득 고인 피,

뱉을 수도 없고 뱉지 않을 수도 없을 때

꽃은, 핀다

(안도현, 〈꽃〉 中에서)

선택과 집중

이 기 려 면 뻔 뻔 하 라 ?

세상을 돌아보면 참 뻔뻔한 사람들이 많다. 지하철에서 남을 밀치고도 미안하다고 사과하지 않는 사람부터 회삿돈을 수백억씩 빼돌려 탕진해버린 경리직원, 경비를 아끼려고 어처구니없는 부실 공사를 진행한 건설회사 대표에 이르기까지, 자기의 불편은 조그만 것도 남에게 미루고, 이익을 얻기 위해서는 남이야 어찌 되건 말건 도무지 신경 쓰지 않는 사람들이 점점 더 많아지는 것 같다.

사전적인 의미에서 뻔뻔하다는 것은 "부끄러운 일을 하고도 염치없이 태연스러운 태도"를 말한다. 염치를 안다는 것은 사회생활의 기본적인 자세다. 남에게 해를 입히거나 사회의 미풍양속에 반하는 일을 하게 되면 부끄러워하고 반성하고 다시는 그런 일을 하지 않겠다고 마음먹는 것이 정상이다. 그래야 함께 사는 공동체가 유지될 수 있기에 우리 사회는 아이들이 어렸을 때부터 염치를 가르친다. 그럼에도 불구하고 뻔뻔한 사람들은 줄지 않고 늘어만 간다. 심지어는 뻔뻔함과 음흉함이 성공을 위한 처세의 비밀이라고 설파하는 《후흑학(厚黑學)》(중국 청나라 말기 정치가 이종오가 쓴 처세술 책)과 같은 책도 사람들에게 많이 읽힌다. 남들이야 어떻게 되건 말건, 자신만 잘 먹고 잘살면 된다는 후안무치(厚顏無恥)한 사람들로 세상이 가득 차면 도대체 어떻게 하자는 말인가! 그런데 이런 책을 읽다 보면 말도 안 되는 얘기만 늘어놓은 것이 아니라 상당히 타당한 얘기들이어서 고개를 끄덕이게 된다.

경제학 박사인 조관일 씨의 책 《이기려면 뻔뻔하라》가 그중 하나다. 그는 대놓고 염치를 버리고 뻔뻔해지라고 권한다. "주위의 비난이 신경 쓰이고 타인에게 비판의 대상이 되는 게 싫다면 아무 일도 하지 않아야 하는데, 그것은 곧 아무것도 이루지 못하는 패배를 의미한다."고 주장한다. 그런 식의 패배 대신에 '뻔뻔하다'는 비난을 긍정의 시각에서 즐길 줄 알아야 승리의 쾌감을 맛볼 수 있다는 것이다. '뻔뻔하다'는 것은 후안무치, 안면몰수, 무한이기주의와는 달리 당당하게 자신의 목표를 성취하고자 하는 사람들이 꼭 갖춰야 할 덕목이라고 한다. 같은 사안에 대해 경쟁자나 비판자들은 '뻔

뻔하다'는 표현을 쓰는데, 같은 편이나 옹호하는 입장에서 보면 그
것은 '당당하다'는 것과 다를 바 없으며, 목표에 대한 집념과 용기
있는 태도, 처신에 있어서 탈권위적인 소박함이나 사소한 것에 신
경 쓰지 않는 대범함을 나타낸다는 것이다.

결국 그는 '이기려면 당당하라.'라고 주장하면서,《이기려면 뻔
뻔하라》라는 남들의 이목을 끄는 제목을 내걸어서 스스로 하나의
사례를 만들어 보여준 셈이다. 그게 아니라면 부끄러움에 대한 인
식의 차이에서 비롯된 것일 터이다. 그가 주장하는 것이 당당함이
라면 세상에 부끄러운 일이 있다는 것을 인정하는 가운데, 부끄럽
지 않은 범위 내에서 뚜렷한 소신과 목표를 가질 것을 주문하는 것
이다. 그게 아니고 뻔뻔한 것과 당당한 것은 아무 차이가 없다는
주장이라면, 세상에 부끄러운 일은 단지 주관적인 입장 차이일 뿐,
객관적으로는 없다고 보는 것이다. 반대파나 적들은 어떤 경우에
도 나를 비난할 것이므로 그것에 아랑곳해야 할 이유가 없고, 오로
지 나의 이익을 위해 최선을 다하는 것, 그것이 당당하고 떳떳하다
는 주장이다.

당당함이건 뻔뻔함이건 차치하고 그
것들이 갖는 이점은 무엇일까? 아프리카의 치타나, 북극의 늑대 같
은 뛰어난 사냥꾼들은, 예전 어느 영화에 나온 "한 놈만 골라서 죽

도록 팬다."는 대사처럼 '선택과 집중' 전략을 쓴다. 그들은 가젤이나 사향소 무리를 대상으로 사냥을 할 때 적당한 타깃을 한 마리 정하면 그것이 쓰러질 때까지 쫓아간다. 추격하는 과정에서 다른 사냥감이 가까이에 나타나건 말건 거들떠보거나 신경 쓰지 않는다. 그들이 가진 에너지와 능력이 한정되어 있기 때문이다. 그 한정된에너지와 능력을 선택된 한 마리의 목표물에 완전하게 쏟아붓는것이다. 그래서 한 마리의 가젤을 쫓는 동안 치타는 다른 가젤들을쳐다보지 않고, 쳐다볼 수도 없다. 집중할 수밖에 없는 것이다.

기업들도 마찬가지다. 기업들에게 있어서 경영전략은 결국 경쟁의 마당을 선택해서 자원을 집중하여 배치하는 것이다. 사업의규모나 자금력에 상관없이 모든 고객들의 모든 니즈를 만족시키는 전략은 존재할 수 없다. 모든 고객의 이러저러한 니즈에 일일이대응하려다 보면, 단 한 명의 요구도 만족시킬 수 없을 것이다. 고객, 시장, 제품, 조직의 구성 등 어느 부분에서나 포기할 것은 과감하게 포기하고, 선택된 부분에 대해서 자원과 역량을 집중하는 것이 경영전략의 핵심이다. 하버드경영대학원의 신시아 몽고메리(Cynthia Montgomery) 교수는 《당신은 전략가입니까(The Strategist)》라는 책을 통해서, 기업의 목적은 기업이 행하는 노력의 가치를 높여주고 위엄 있게 만든다면서 그 목적에 집중할 것을 요구했다. 한기업이 사라지면 그 사라짐을 슬퍼할 집단이 있어야 그 기업에 전략이 있었다고 말할 수 있다는 것이다.

혁신적인 제품 가운데 잠깐 열렬한 호응을 얻다가 어느 정도 시간이 지난 후엔 주류(main) 시장 고객들의 외면을 받아 슬그머니 사라지는 것들이 많다. 신기술에 호기심이 많고 도전적인 선구자들은 단지 새롭다는 이유로 열렬한 환영을 보내기 때문에 마치 엄청난 초대박 상품이 탄생한 것처럼 착각할 수 있지만, 이런 제품 대부분은 시간이 경과해도 수요를 더 확장하지 못하고, 초기 선구자들의 구매가 어느 정도 일단락되면 매출이 급격하게 떨어진다. 어떤 집단에게도 지속적인 구매 욕구를 자극하기에는 못 미치고 미흡하기 때문이다.

이런 케즘(chasm)을 극복하는 것이 바로 '완전완비제품(Whole Product)'이다. 완전완비제품은 문자 그대로 완벽한 제품을 말한다. 모든 소비자들을 대상으로 그들의 모든 문제를 해결해주는 완벽한 제품을 만든다는 것은 불가능할 것이다. 그러나 적어도 일군의 소수 소비자들에게 완벽한 것으로 인식되는 제품을 만드는 일은 시도해볼 수 있다. 따라서 하나의 틈새시장을 선정하고, 적어도 그 시장에서만큼은 초기의 선구자 집단뿐 아니라 실용주의자들에게까지 열광적인 환영을 받을 수 있는 제품을 만든다는 것이, 완전완비제품 즉, Whole Product의 의미다. 이 실용주의자들은 오랫동안 꾸준한 지지를 보내면서 인접 틈새시장으로까지 구전효과를 만들어 낸다. 이를 통해 시장을 확대해 가면서 시장 선도자의 위치를 점진적으로 확보해 나갈 수 있다. 여기서 처음 선택된 틈새시장이 '한 놈'에 해당하는 것이고, 완벽함을 통해 구전효과를 불러일으키는 것이 '죽도록 팬다'에 해당하는 것이다.

제프 베조스(Jeff Bezos)가 창립한 아마존은 현재 미국에서 온라인 쇼핑업체로서 40퍼센트의 시장점유율을 자랑할 뿐 아니라, 2021년 연말 기준 시가총액이 1조6,000억 달러를 상회하는 기업이다. 미국의 유통업계 2위로서 오프라인 기업인 월마트의 시가총액이 4,000억 달러에 못 미치는 것을 감안하면 엄청난 규모다. 젊은 시절의 베조스는 인텔, AT&T 등 글로벌 IT기업들로부터 입사 제안을 받았던 유능한 프로그래머였다. 1994년 아내와 함께 조그마한 인터넷서점을 창업했는데, 이 서점이 바로 현 아마존의 전신이다. 당시 세상의 모든 물건을 온라인을 통해 유통할 수 있다고 믿고 너도나도 뛰어든 닷컴 열풍의 상황에서 베조스는 부패, 오손 등의 문제가 없고, 매우 표준화되어 있어 고객의 주문이 편리한 도서에만 집중했다. 그리고 빠른 배송과 원스톱-쇼핑 편의성 등, 서비스의 질을 다른 온라인 업체들이 따라올 수 없을 정도로 높임으로써 고객들의 신뢰를 얻고 명성을 쌓았다. 그 결과 21세기 초 많은 이커머스(e-commerce) 기업들이 도산한 '닷컴 버블(Bubble)'의 위기 때 오히려 사업 다각화 전략을 실행에 옮겨, 아마존을 '고객이 원하는 모든 것(A to Z)이 있는' 종합 온라인몰로 키워 낸 것이다.

이처럼 선택과 집중은 동물의 세계부터 기업의 세계까지, 승리하고 성공하기 위한 모든 전략의 근본이다. 단지 자신의 승리와 성공을 위해서뿐만 아니라 주변에 대한 불필요한 피해를 입히지 않기 위해서도 마찬가지다. "착한 애인이 가장 나쁜 애인"이라는 말이 있다. 너무 착해서 누구에게나 신경을 쓰고, 배려하고, 부탁이나 청을 거절하지 못하면, 정작 가장 배려하고 사랑해야 할 중요한 사람에게 소홀해질 우려가 있다. 그뿐 아니라 주변의 여러 사람에게 쓸데없는 기대감을 불러일으키고 의미 없는 노력을 하게 함으로써, 의도하지 않은 피해를 입히는 경우도 있다. 그래서 "착해서 사고 친다."고 하는 것이다. 일부일처제 문화에서 결혼을 할 수 있는 대상은 오직 한 사람으로 한정된다. 이것도 어찌 보면 일종의 자원의 제한이다. 따라서 이런 경우의 '착한 사람'이라는 말은, 제한된 자원을 가지고 선택과 집중을 하지 못하는 사람을 역설적으로 일컫는 것이다. 이처럼 선택과 집중을 해야 하는 이유는 항상 자원의 제한 때문이다. 기업들은 당연히 자금이나 인력, 역량의 제한을 안고 사업을 해 나갈 수밖에 없다. 길거리의 싸움꾼이나 초원의 동물들도 마찬가지다.

그럼에도 불구하고 선택과 집중을 하지 못하는 이유가 무엇일까? 좋은 의사 결정 또는 선택을 위해서는 '목표', '선택변수', 그리고 '불확실성'의 세 가지를 혼동하지 말고 분명하게 인식해야 한다. '목표'는 선택을 통해 반드시 이루고자 하는 것, 또는 절대로 피하고자 하는 것을 말한다. '불확실성'은 선택의 결과가 단 하나의 고정값으로 나타나지 않는다는 것이다. 시간의 경과에 따라 어떤 값을 갖게 될지 사전에 명확하게 알 수 없으며, 어느 정도의 범위로만 추정할 수 있다는 것이다. '선택변수'는 실제로 행동을 결정하는 것이다. 사람들은 이 세 가지를 자주 혼동한다. 어렴풋한 희망사항을 갖고서 선택을 했다고 여기기도 하고, 어떤 선택을 했기 때문에 결과가 반드시 어떻게 나타나야 한다고 굳게 믿기도 한다. 그러고서는 실제 현실이 그렇게 움직이지 않으면 선택의 필요성, 즉 제대로 된 좋은 의사 결정을 할 필요성에 대해서 의심하고, 운에 맡기거나 될 대로 되라는 식으로 포기하기도 한다. 그것이 바로 선택과 집중을 못 하는 이유다.

선택을 한다는 것은 원하는 바(NPV 〉0, 시장에서 선도적 지위의 구축, 사회적 명성, 자아실현 등)를 얻기 위해 되돌릴 수 없는 어떤 행동을 하는 것이다. 앞서 쫓기는 검객의 이야기에서 보았듯이 고려해야 할 다양한 변수의 어느 한 가지에만 극단적으로 매달리는 것을 선택과 집중으로 착각해서는 안 된다. 무언가를 원하고 기대하는 것만으로는 선택을 했다고 할 수 없다. 또 선택의 결과는 원하는 결과를 보장하지 않지만, 어느 정도의 방향성을 갖는다. 따라서 한

번의 좋은 선택이 좋은 결과를 가져올지는 불확실하지만, 좋은 선택을 꾸준히 하면 원하는 성공의 가능성을 상당한 수준으로 높일 수 있다.

자, 이제 원래 주제인 뻔뻔함 또는 당당함으로 돌아가서 생각해보자. 이것들이 '선택과 집중'과 무슨 관련이 있는가? 사람의 감정이나 관심과 같은 심리적인 부분도 일종의 한정된 자원이다. 칭찬을 기대하고, 칭찬받을 때 자랑스러워하는 것도 일종의 에너지를 필요로 한다. 남들의 비난을 부끄러워하거나 견디는 일은 더 큰 에너지가 필요할 것이다. 이런 심리적인 에너지도 당연히 제한되어 있다. 따라서 자기와 관련된 모든 일에 하나하나 신경을 쓰며 자랑스러워하거나 부끄러워한다는 것은 매우 어려운 일이다. 주변의 많은 사람들, 심지어는 잘 알지도 못하는 세간 사람들로부터 응원과 호감과 지원을 기대하고, 비난받을 것을 미리 두려워하는 일은 한정된 에너지를 지나치게 낭비하는 것과 같다. 자기가 추구하는 목적이 명확하고 그 결과를 진정으로 원한다면 그런 부분에 대해 일희일비하는 것이 전혀 도움이 되지 않는다. 감정과 관심이라는 심리상태도 '선택과 집중'을 해야 하는 것이다.

감정과 관심의 '선택과 집중'은 옳고 그름을 떠나 목표의 추구와 달성을 위한 방법적 측면에서 반드시 필요하다. 한정된 자원과 선택을 다루는 학문인 경제학의 박사인 조관일 씨가 '뻔뻔하라'고 주장한 것은, 그런 의미에서 부끄러운 일을 하고도 개의치 말라는 뜻이 아니라 목표를 잘 선택하고 최대한 집중하기 위해 감정과 관심이라는 심리적인 자원도 잘 사용해야 한다고 주장한 것이다.

뻔뻔함이냐, 당당함이냐 하는 것은 차후 문제다. 어쩌면 의도적인 말 비틀기다. 사전적 의미를 벗어나 목표하는 바에 집중하고 자신의 신념에 따라 행동하는 긍정적 뻔뻔함이 성공과 승리를 위해 반드시 필요하다는 것이다. 그런데 세상을 둘러보면 남에게는 부끄럽지 않느냐고 비난하면서, 그보다 더한 부끄러운 일을 하고도 부끄러워하지 않는 경우가 부지기수다. 긍정적 뻔뻔함이 아니라 소위 '내로남불'이다. 그것이야말로 세상에서 가장 부끄러운 일이 아닐까?

완벽한 계획과 실행
너 는 다 계 획 이 있 구 나

        칸 영화제의 황금종려상과 아카데미 4개 부문 상을 휩쓴 봉준호 감독의 영화 '기생충'에는 "아들아, 너는 다 계획이 있구나."라는 잊지 못할 대사가 나온다. 그 아들의 계획으로 인해 온 가족뿐 아니라 다른 사람들까지 불행에 빠진다. 또 영화에는 "가장 완벽한 계획이 뭔지 알아? 무계획이야."라는 대사도 나온다. 예기치 않은 폭우로 물바다가 된 상황에서 어떤 계획도 무용지물이고, 임기응변이 절실할 뿐이다.

     '세일즈맨 순회 문제(Travelling Salesman Problem)'라고 하는 고전적인 경영 문제가 있다. 여러 도시를 순회하면서 다니는 세일즈맨이 가장 최단거리의 경로를 찾아내는 문제다. 세일즈맨이 다녀야 하는 도시가 다섯 군데라면 검토할 수 있는 경로는 5!=120가지이다. 120개의 경로를 하나하나 비교하려면 상당한 시간이 걸릴 것이다. 만약 도시가 열 군데라면 어떻게 될까? 10!=3,628,800이라는 경로의 수가 나온다. 각각의 경로 길이를 파악해서 비교하려면 얼마나 걸릴까? 쉬지 않고 계산을 해도 몇 년이라는 세월이 걸릴 것이다. 도시가 스물다섯 군데라면? 이때는 한 사람의 일생 정도가 아니라 초당 100만 번의 비교가 가능한 슈퍼컴퓨터를 동원해도, 우주의 나이보다도 긴 4,900억 년이라는 엄청난 시간이 소요된다고 한다. (출처:《경영, 과학에게 길을 묻다》, 유정식 지음, 2007, 위즈덤하우스)

단지 스물다섯 군데의 도시를 도는 최단거리를 찾는 것만 해도 이렇다. 그런데 계획을 세운다는 것이 이렇게 간단한 것인가? 세일즈맨은 만나야 하는 고객이 있고, 팔아야 하는 물건이 있다. 고객의 수와 성향, 팔아야 하는 각 물건의 공헌이익과 운반비용, 각 경로의 도로 사정 등을 감안해야 한다. 그렇다면 완벽한 계획을 세운다는 것은 애당초 가능하지 않은 일이다. 그런데도 많은 사람들은 완벽한 계획을 만들겠다는 생각에 집착한다.

전쟁의 역사를 살펴보면 완벽한 계획을 경계하는 말을 많이 찾을 수 있다. 아무리 훌륭한 계획을 세워도 하늘과 땅의 움직임이 천변만화(千變萬化)를 보이기 때문에 계획한 작전을 그대로 실행에 옮길 수 없는 경우가 부지기수다. 무엇보다도 당장 적군이 예측

한 대로 움직여주지 않는다. 그래서 《전쟁론(Vom Kriege)》을 쓴 군 사이론가이자 프러시아의 장군인 카를 폰 클라우제비츠(Carl von Clausewitz)는 "좋은 계획을 망치는 최대의 적은 완벽한 계획을 만들려는 꿈이다."라고 했다. 그리고 노르망디 상륙 작전을 성공시키고 제2차 세계대전을 승리로 이끈 조지 패튼(George S. Patton, Jr.) 장군은 "오늘 재빠르게 실행에 옮긴 좋은 계획이, 내일 완벽한 계획보다 훨씬 더 좋다."고 했던 것이다.

그렇다면 어떤 일을 위해서 계획을 세운다는 것이 아예 필요 없는 일일까? 그건 아니다. 계획이 없는 실행은 가야 할 목적지가 없는 항해와 같다. 그것은 항해가 아니라 표류다. 계획이 있어야 오늘 하루의 실행이 제대로 된 것인지 판단할 수 있고, 내일 아침에 일어나서 당장 해야 할 일을 정할 수 있다. 오늘 하루의 실행에 문제가 있었다면 무엇을 고치고 무엇을 바꿀지 생각해볼 수 있고, 만족할 만한 것이었다면 내일도 이 상태를 계속 유지할 것인지, 조금 더 힘을 내어 계획보다 앞당길 수 없겠는지 생각해볼 수 있다.

계획이 없다면 지금의 상태가 괜찮은 것인지 알 수도 없고 지금보다 더 나아지겠다는 생각도 할 수 없으며, 혹은 가야 할 방향에서 거꾸로 가고 있지 않은지, 나락으로 떨어지고 있는 것은 아닌지 판단할 수도 없다. 계획은 과거를 기억하고 미래를 내다볼 줄 알기 때문에 가능한 것이며, 이성적 존재로서의 인간에게는 자연스럽고 필연적인 것이다. 그런데 문제는 계획 그 자체가 어떤 가치를 갖는 것이 아니라는 점이다. 계획은 실제와의 비교를 위해 필요할 뿐이며, 가치 있는 것은 계획이 아니라 실제다.

2011년 7월 기술, 오락, 디자인에 관한 정기적 강연회인 테드(TED, Technology, Entertainment, Design의 약자)에서는《경제학 콘서트(Undercover Economist)》를 쓴 영국의 경제학자이자 저널리스트인 팀 하포드(Tim Harford)가 〈시도와 오류, 그리고 신의 콤플렉스(Trial and Error, the God complex)〉라는 강연을 했다. 자연뿐 아니라 사람이 만든 기관들도 대부분 성공적인 경우를 보면 '시도와 오류(Trial and Error)'의 방식을 적극적으로 사용하고 있으며, 논리적으로 완벽한 체계를 찾아내서 기적을 만들어 내려는 식의 시도를 하면 대부분 실패하고 만다는 것이 그 내용이다. 그는 일례로 가루세제를 만들기 위해 액체세제를 분사하는 분무기의 노즐 형태를 설명했다. 노즐을 통해 액체세제를 높은 압력으로 분사해서 말리면 가루 형태의 세제가 되는데, 이때 가장 효율적인 노즐의 형태를 찾기 위해 온갖 수학과 물리학, 기계공학 등의 계산을 하는 것은 고려해야 할 변수가 너무 많고 계산이 너무 복잡해서 실패에 이를 가능성이 컸다. 오히려 직관적으로 몇 가지의 노즐 형태를 떠올린 후 만들어서 그것들 가운데 가장 효율이 높은 것을 선택하고 사용해 가면서 조금씩 개선해 나가는 것이 훨씬 타당했다. 이처럼 자연과 인류문화, 산업의 많은 영역에서 시도와 오류의 방식이 쓰이고 있다고 소개했다. 그리고 마치 신이라도 되는 것처럼 모든 것을 다 알고 있다는 태도로 완벽한 것을 일거에 찾아내려는 방식이 부딪치게 되는 문제점을 다양한 사례를 들면서 설명했다.

그의 설명을 듣다 보면 '휴리스틱스(Heuristics)'라는 개념이 떠오른다. 휴리스틱스는 심리학에서부터 컴퓨터공학, 경제에 이르기까지 아주 폭넓게 쓰이는 개념이다. 사람들은 어떤 문제에 대해 의사결정을 할 때, 먼저 비효율적이고 타당하지 않은 것들을 솎아 낸 뒤 적당한 것으로 보이는 해답을 찾아 보완하고 조금씩 개선하면서 그것을 상식화한다. 이론적이고 논리적으로 뒷받침하기보다 경험적으로 답을 찾되, 불필요한 시행착오를 최소한으로 줄여 나가는 것이다. 그것이 바로 휴리스틱스다. 야구를 할 때 외야수는 타자가 친 공을 잡기 위해 공의 초기 속도, 각도, 높이, 바람 등을 다 고려해서 계산을 끝낸 후에 뛰지 않는다. 일단 시선을 공에 고정시키고 뛰면서 방향과 스피드를 조절하고 바꾼다. 그것이 현실 세계에서 더 나은 결정을 하고, 더 나은 실행을 하는 방법이다. 이처럼 자연과 인간의 본성에 가까운 휴리스틱스는 경제학의 세계에서도 점점 중요하게 받아들여지고 있다.

경제학에서는 전통적으로 케인스 경제학과 고전주의 경제학의 대립이 유명한데, 그 정점에 바로 케인스(John Maynard Keynes, 1883~1946)와 오스트리아에서 1930년대에 영국으로 건너간 하이에크(Friedrich von Hayek, 1899~1992)가 있었다. 당시의 경제침체 원인 및 극복 방안을 놓고 두 사람은 논쟁을 펼쳤고, 당시에는 정부의 개입에 따른 인위적 조절을 주장한 케인스가 이겨 세계는 케인스의 이론을 받아들이면서 수정자본주의 체제를 도입하게 되었다. 그렇지만 1970년대 들어 케인스의 이론에 바탕을 둔 국가의 경제 개입이 위기를 맞으면서, 시장의 가격결정 기능에 의한 자유로운 조절을 주장한 하이에크의 이론이 다시 각광을 받게 되었다. 전통적인 경제학은, 경제 행위를 하는 개개인이 각자의 분명한 경제적 선호를 가지고 자신에게 돌아오는 경제적 효용을 극대화하기 위해 합리적으로 결정하여 선택하는 존재라는 기본전제 위에 세워져 있다. 그런데 하이에크에게 '시장'이란 완전한 이성을 갖춘 합리적 인간들이 완벽한 계획을 갖고 만나는 장소가 아니고, 오히려 불완전한 인간들이 제한된 정보를 갖고 만나는 장소이다. 하이에크는 시장에 참여하는 당사자들이 분권화된 시장에 대한 정보를 가장 잘 알 수밖에 없다는 점에서, 중앙정부가 시장에 개입하는 어떤 행위도 결과적으로 시장에서 왜곡현상을 초래할 것이라는 점을 강조했다. 1974년 하이에크는 자유주의의 이론적 기초를 확립한 공로로 노벨경제학상을 받았다.

그런데 2002년 노벨경제학상 수상사인 대니얼 카너먼(Daniel Kahneman)은 인간이 판단과 선택, 그리고 의사 결정 상황에서 논리적 합리성이 아니라 실용적 합리성을 의미하는 여러 가지 휴리스틱스에 의존하며, 다양한 인지적 착각과 편향에 의해 사고하고 행동하는 존재임을 20여 년에 걸친 실험 결과를 통해 입증했다. 인간은 합리적, 이성적 존재가 아니라 제한된 합리성(bounded rationality)의 휴리스틱스적 사고의 존재라는 것이다. 결론적으로 경제학의 발달과정에 비추어 보건대, 경제 행위를 하는 인간에게 있어서 판단의 근거로 보유한 정보만 불완전한 것이 아니라, 행위 주체인 인간조차도 합리적이지 못하다는 것이다. 그러니 거시경제 차원에서나 미시경제 차원에서나 완벽한 계획이 어찌 가능할 수 있겠는가?

한편 완벽을 추구하는 사람들의 심리적인 면을 한번 들여다보자. 현실적인 완벽주의자는 활력과 열정과 긍정적인 자아상을 가지고 더 높은 목표를 추구하며, 현실에 대한 적응력이 높다. 여기까지는 바람직한 측면이라고 할 수 있다. 그러나 여기서 더 나아가 비현실적으로 높은 목표 기준을 세우거나 완벽한 상태에 도달하기를 원하는 수가 있다. 사실 현실 세계에서 완벽이라는 것은 결코 충족될 수 없는 목표이며, 충족되더라도 아주 일시적으로밖에 충족되지 않는다. "자연의 강은 완벽의 정상을 향해 거슬러 오르지 않는다."는 말이 있다. 그저 구불구불 흘러갈 뿐이다. 완벽주의자는 구불구불한 현실의 모습에 만족하지 못하기 때문에 항상 불만스럽고 좌절에 사로잡힌다. 그들은 겉으로 보기에는 질서 있고, 성취동기가 강하고 사회적으로 성공한 사람처럼 보일 수 있지만, 내면으로는 실수에 대한 걱정, 거절에 대한 걱정, 통제력 상실에 대한 걱정, 남들에게 보여질 자신의 모습에 대한 걱정과 끊임없는 자기비판으로 괴로워한다. 심한 경우에는 강박신경증으로 이어지기도 한다. 더 큰 문제는 남들이 보기에는 아무것도 아닌 사소한 것에 집착하여, 정작 현실 세계가 흘러가는 모습을 제대로 보지 못한다는 것이다.

최근 비즈니스 업계에서는 '애자일(Agile) 방법론'을 많이 사용한다. 원래 소프트웨어 개발을 위한 프로젝트에는 작업을 일련의 선형적 순서로 구성하는 워터폴(Waterfall) 방식을 많이 사용했다. 1913년 헨리 포드가 자동차 생산라인의 제조 방법으로 처음 고안한 방식이다. 그런데 생산 주기와 협업 방식이 빠르게 변화하는 고객들의 소프트웨어 수요에 제대로 대응하지 못했다. 조직의 비즈니스 요구사항 검증부터 작동 가능한 애플리케이션 제공에 이르기까지 수년간 지체되는 일이 일반적이었다. 이 한계를 해결하기 위해 불완전한 상태의 초기 원형을 기반으로 고객과의 소통을 유지하면서, 신속한 반복 작업을 통해 실제 작동 가능한 소프트웨어를 개발하여 제공한 것이 '애자일 방법론'이다. 이 방법은 지금 소프트웨어 산업뿐 아니라 다양한 프로젝트 관리와 조직 개발에 널리 활용되고 있다. 애자일은 일련의 규정이 아니라 협업과 워크플로우(work flow)를 바라보는 하나의 관점이며, 가치 체계라고 할 수 있다. 소프트웨어 개발자 그룹이 2001년에 작성한 '애자일 소프트웨어 개발에 대한 선언문(The Manifesto for Agile Software Development)'을 보면 그 성격을 잘 알 수 있다.

첫째, 개인과 개인 간의 상호작용이 프로세스 및 툴보다 우선한다.
둘째, 작동하는 소프트웨어가 포괄적인 문서보다 우선한다.
셋째, 고객과의 협업이 계약 협상보다 우선한다.
넷째, 변화에 대응하는 것이 계획을 따르는 것보다 우선한다.

19세기의 영국 작가 피터 미어 래섬은 "완전한 계획을 세우려는 것은 쇠퇴의 징조다. 흥미로운 발견이나 발전이 이루어지는 동안에는 완벽한 연구실을 설계할 시간이 없다."는 말을 남겼다. 완벽한 연구실을 설계하려는 사람에게는 흥미로운 발견이나 발전을 이루어 낼 기회가 주어지지 않는다는 것이다. 앞에서 얘기한 대로 설계나 계획은 반드시 필요하다. 아무 계획이나 준비 없이 되는 대로 세상을 살거나, 기업을 그런 식으로 운영할 수는 없다. 문제는 그 계획이나 준비가 완벽하기를 바라는 것이다. 계획은 계획일 뿐이다. 계획이 실행의 발목을 잡으면 안 된다. 계획을 집행해 가는 과정에서 미처 고려하지 못한 사항이나 예기치 못한 변수 등에 부딪치게 되기 때문에, 처음부터 완벽한 계획을 만드는 것은 누구에게도 불가능하며, 그렇기 때문에 계획은 끊임없이 버려지고 수정되어야 한다.

가장 좋은 계획은 사실 실행과 동시에 이루어지는 계획이다. 미리 쌓아 둔 실력과 직관으로 무장하고 실행을 빨리해야 한다. 그것이 통제하기 어려운 외부변수들을 그나마 조금이라도 통제범위 내에 붙잡아 두는 방법이다. 그리고 현실을 폭넓게 받아들여 실행이든 계획이든 끊임없이 수정해 가면서 더 나은 것을 추구해야 한다. 계획이 불필요한 것이 아니라 완벽한 계획이 불가능하기 때문에, 빠른 실행과 유연함으로 불완전한 계획을 계속해서 보완해야 한다는 것이다.

신뢰와 방관

위 기 의 오 케 스 트 라 단 원 들 과 방 관 자 들

　　　　　　　　　　십 년 전쯤 영국 런던으로 출장을 갔
었다. 일을 마친 주말에 런던 남서쪽으로 약 1시간 정도 차를 타
고 가야 하는 길포드(Guildford)라는 곳에서 런던심포니오케스트
라(London Symphony Orchestra)가 차이콥스키(Pyotr Ilyich Tchaikovsky,
1840~1893)의 명곡들을 연주한다고 해서 설레는 마음을 안고 가보
았다. 길포드는 영국의 중세시대에 색슨 왕실의 장원(莊園)이 자리
잡고 있던 유서 깊고 매우 아름다운 도시다. 그 길포드에 지-라이
브(G-Live)라고 하는 공연장이 새롭게 개관해서 일종의 축하잔치로
열리는 공연이었다. 관객 중에는 단정하면서도 편안한 옷을 갖춰
입은 노부부들이 많았는데, 참 부럽고 보기 좋은 광경이었다.

첫 곡으로는 〈로미오와 줄리엣 서곡〉이 훌륭하게 연주되었고, 이어서 두 번째 곡으로 그 해 차이콥스키 국제 피아노콩쿠르에서 우승한 스무 살의 청년 다닐 트리포노프(Daniil Trifonov)의 협연으로 차이콥스키의 〈피아노 협주곡 제1번〉이 연주되었다. 그런데 1악장의 중간쯤 지났을 때, 갑자기 무대 위가 깜깜해졌다. 새로 개관한 공연장의 설비에 문제가 생긴 것이다. 객석에서는 약간의 술렁임이 일었다. 그런데 깜깜한 무대 위에서는 연주가 계속되었다. 가끔 오케스트라 단원들이 야외 공연을 위해 가지고 다니는 소형랜턴을 보면대 위에 설치하는 움직임이 있었지만, 연주는 아무런 문제 없이 계속되었다. 지휘자는 몸짓을 좀 더 크게 하며 지휘를 계속했고, 피아노 연주자는 흔들림 없이 자신의 연주를 계속했다. 오케스트라의 각 파트도 아무 문제가 없었다. 객석의 관객들은 그 모든 장면을 긴장 속에서 숨죽이면서 지켜보았고, 약간의 술렁임은 금세 잦아들었다.

1악장이 끝났을 때, 나는 마치 2002년 월드컵 경기에서 우리나라 선수가 이탈리아, 포르투갈 등을 상대로 골을 넣었을 때와 비슷하게 머리칼이 서고 가슴이 쿵쾅거리는 듯한 감동을 느꼈다. 주로 나이 지긋한 길포드 주민 관객들도 마찬가지였던 것 같다. 누구랄 것도 없이 모두 일어나 기립박수를 보냈다. 원래 클래식 음악을 감상할 때는 악장과 악장 사이에 박수를 치지 않는 관행이 있지만, 이

날만은 어쩔 수 없는 예외였다. 마치 팝콘서트에서처럼 관객들은 박수를 치고 휘파람을 불고 엄지를 치켜세우고 옆 사람과 하이파이브를 해댔다. 도저히 예견할 수 없고 감당하기 어려운 위기 상황에서 지휘자와 피아니스트를 포함한 모든 연주자들은 관객들에게 최고의 감동을 선사한 것이다. 1악장 후 무대조명 수리를 마치고 나머지 연주가 계속되었고, 그 후의 모든 공연은 순조롭게 마무리되었다. 극장 지배인은 상황을 설명하면서 유머를 잃지 않았고, 연주회를 마친 후에는 한편으로 약간 놀랐지만 일면 훌륭한 매너를 보여준 관객들에 대한 배려로 무료 칵테일이 제공되었다.

이 경험은 며칠 동안 내 머리를 떠나지 않았다. 런던심포니오케스트라가 그 엄청난 위기 상황을 반전시켜 관객들에게 최고의 감동을 선사한 원동력이 무엇이었을까? 물론 모든 연주자들의 실력이 아주 뛰어나고, 악보를 보지 않고도 전곡을 소화할 수 있을 만큼 충분한 연습이 뒷받침되어 있었을 것이다. 그렇더라도 단원들이 서로를 믿지 못하고 마음이 흔들렸다면 어떻게 되었을까? 한 연주자가 자기는 아무리 잘하더라도 오케스트라 전체의 연주가 흔들리지 않을까 하고 걱정하기 시작하면 바로 그 단원의 연주부터 흔들리기 시작했을 것이다. 그리고 한 명 한 명의 연주가 흔들리고 템포를 놓치거나 자신 없는 소리가 나오게 되면, 바로 옆의 연주자에게 영향을 미쳤을 것이다. 그러면 금방 전체의 소리가 무너지고 연주는 중단되었을 것이다. 미리 쌓아 두었던 기본기와 충분한 연습 외에도 '믿음'이라는 요소가 작용했음이 분명하다.

믿음에는 두 가지가 있다. 하나는 진리나 진실, 원칙에 대한 믿음이다. 이 믿음은 종교의 경우에는 신앙(信仰)이 되고, 과거의 객관적, 역사적 사실이나 과학적 사실 또는 원칙에 대한 것은 신념(信念)이 된다. 또 다른 한 가지는 세상을 함께 살아가는 동료 또는 이웃에 대한 것이다. 때로는 애완동물이나 다른 생명체에 대한 믿음도 있을 수 있지만, 대부분은 사람에 대한 것인데 이 믿음은 '신뢰(信賴)'라고 한다. 이 단어들은 모두 믿을 신(信)자 뒤에 다른 한 글자를 덧붙인 것인데, 신뢰의 경우에 붙는 '뢰(賴)'라는 글자의 뜻은 살짝 예상을 벗어난다. '의뢰할 뢰'라고 읽는데, 원래 "남에게 말을 하거나 전해서 무엇인가를 얻어내거나 이익을 본다."는 뜻이다. 다시 말하면 신뢰한다는 것은 아무 반대급부 없이 무조건적이고 절대적으로 믿는다는 것이 아니라, 믿음을 통해서 내가 무언가 얻는 것이 생긴다는 의미이다. 이익을 전제로 믿는다는 것인지, 믿으면 이익이 생긴다는 것인지 그 선후관계는 여기서 따지지 말기로 하자. 이웃이나 동료 또는 어떤 사람을 믿으면, 그에게 기대거나 일을 맡길 수 있다. 즉, 믿는 것으로 그냥 끝나는 것이 아니라 믿는 사람에게 무언가 좋은 일이 생긴다. 또는 그럴 것을 기대하고 믿는 것이다.

　미국 항공사 제트블루(jctBlue)의 회장 조엘 피터슨(Joel Peterson)은 뉴욕대학교 교수 데이비드 캐플런(David A. Kaplan)과 공동으로 쓴 책《신뢰의 힘(10 Laws of Trust)》의 첫머리에, "신뢰가 교환되는 순간, 사람들은 협조하고 이타심을 기른다. 그 결과, 모든 사람이 혜택을 나눠 갖는다."고 했다. 그리고 신뢰를 바탕으로 조직문화를 바꾸고, 곤경에 빠진 기업을 되살려 낸 대표적인 경영자로 앨런 멀러리(Alan Roger Mullary)를 들었다. 그는 마이크로소프트(Microsoft, MS)에서 일한 적이 없는데도, 그로 인해 MS의 주가가 급락한 적이 있다. 2013년 MS에서 스티브 발머를 대신해서 앨런 멀러리를 CEO로 영입하려는 움직임이 있었다. 하지만 그가 2014년까지 포드에 머물기로 하면서 영입에 실패했고, MS의 주가가 급락한 것이다. 그만큼 앨런 멀러리에 대한 업계의 평가와 기대치가 높았다.

　보잉사의 상업용 항공기 부분 사장으로 일하던 그는 2006년 미국 자동차업체 포드의 구원투수로 투입됐다. 그가 CEO로 취임할 당시 포드는 시장점유율 감소와 경기 불황까지 겹치면서 존립이 위태로운 상태였다. 그는 취임하자마자 리더십 전문가 마셜 골드스미스가 고안한 '부끄러움의 종말'이란 프로세스를 전사적으로 도입했다. 임직원들이 회의에서나 큰 이권이 달린 치열한 기업 현장에서 당면한 문제점들을 부끄러워하지 말고 솔직하게 터놓고 이야기하도록 한 것이다. 스스로 솔선수범하면서 허세나 자존심을 버리고 자신이 모르는 것을 과감하게 드러냈고, 문제 해결 방법을 알지 못할 때 도움을 청하는 것도 두려워하지 않았다. 구성원들이 솔직하게 실패와 위기를 말할 수 있어야 현실을 직시하고 신뢰가 쌓이며 위기를 헤쳐 갈 수 있다는 생각에서였다.

일례로 임원들의 업무보고를 들을 때, 진행하는 사업이 문제없이 잘될 것 같으면 녹색, 실패할 조짐이 조금이라도 보이면 노란색, 실패가 확실해서 위험하다 여겨지면 빨간색을 켜 놓고 발표하도록 했다. 첫 6주 동안 모든 업무보고에 녹색 등만 켜져 있었다. 연간 170억 달러 적자가 나던 상황에서 모든 임원이 현실을 직시하지 않았던 셈이다. 앨런 멀러리는 현실을 제대로 보고하지 않는 임원은 즉시 해고하겠다고 엄포를 놨고, 2주 후 빨간색 등을 켠 보고가 나타났다. 하지만 이 보고에 대해 화를 내지 않고 현실을 제대로 알려줘서 고맙다며 위기 상황을 벗어나기 위해 해당 부서가 무엇을 하든 회사에서 200퍼센트 이상 지원해주겠다고 말했다. 이때부터 위기는 숨기는 것이 아니라 빨리 말할수록 회사에서 개선할 수 있는 시간과 자금을 투입해준다는 믿음의 문화가 생기기 시작했다. 이후 녹색 일변도에서 노란색, 빨간색이 다양하게 나오며 실패 가능성이 있는 프로젝트에 대한 해결책을 함께 고민하기 시작했고, 위기를 넘어설 수 있었다. 결과적으로 포드는 글로벌 금융위기를 거치는 와중에 미국 3대 자동차회사 중 유일하게 정부의 구제기금을 받지 않고 불황을 탈출할 수 있었다. 덕분에 포드의 브랜드이미지는 손상되지 않고 성장을 이어 갈 수 있었다. 포드의 CEO에서 명예롭게 퇴임한 앨런 멀러리는 구글 이사회 멤버로 합류했다.

그러면 모든 신뢰는 이처럼 좋은 결과로 연결되는 것일까? 지금까지도 사건의 진위에 대해서 논란이 계속되고 있지만, 이웃에 대한 믿음으로 인해서 나쁜 결과가 생긴 사례가 있다. 1964년 3월 13일 새벽 3시경 뉴욕 퀸스의 큐가든스라는 곳에서, 키티 제노비스(Kitty Genovese)라는 여성이 늦은 밤 지배인으로 일하던 술집에서 야간 당번을 마치고 귀가하던 중 강도의 칼에 찔려 살해당했다. 이 사건은 여러 언론에서 자주 다루어져서 '방관자 효과'의 대표적인 사례로 알려졌으며, 국내에서는 신경숙의 소설《어디선가 나를 찾는 전화벨이 울리고》에서도 그 내용이 인용되었다. 미국 영화 '솔턴 호수(The Salton Sea)'의 도입부 미사 장면에서 신부가 "악인보다도 무서운 것은 선량한 시민의 무관심이다."라고 한 설교는 이 사건을 두고 한 말이었다.

이 사건의 핵심은 젊은 여성이 강도의 칼에 수차례 찔려 사망하기까지 인근 아파트 주민 가운데 자그마치 38명의 목격자가 있었다는 것이다. 피해자가 살려 달라고 비명을 지를 때, 아파트에 살던 주민들은 불을 켜고 사건을 지켜보았지만 아무도 돕지 않았고, 심지어는 경찰에 신고조차 하지 않았다. 불을 켜고 창밖을 내다본 주민들 중 한 사람이 "그만둬!"라고 외쳤고, 그 소리에 범인은 도망치려 했지만, 아무도 그녀를 도우려는 기색이 없었기 때문에 다시 현장으로 돌아와서 또 그녀를 찔렀다. 몇몇 주민들이 소란스러움에 집 앞의 등을 켰을 뿐, 아무도 도우러 나오지는 않았다. 아파트 주민 한 사람으로부터 경찰에 신고가 접수된 시간은 사건이 시작된 지 30분이 지난 새벽 3시 50분경이었고, 경찰은 불과 2분 만에 현장에 도착했다. 그러나 무수히 난자당한 채 방치된 피해자는 이미 사망해 있었다. 여기까지가 언론에 의해 밝혀진 내용이었다.

처음 이 사건은 〈뉴욕타임스〉 신문에 달랑 네 줄짜리 기사로 실렸다. 그러다 나중에 뉴욕주 섹션 담당 편집자 에이브 로젠탈이 사건을 목격하고도 도와주지 않은 38명의 방관자들에 대해 기사를 썼고, 미국 전역에 그들의 도덕성에 대한 논란과 격렬한 비난이 들끓었다. 심리학자들은 사람들이 자기밖에 도울 사람이 없는 상황에선 꽤 높은 확률로 도움을 주지만, 수많은 사람들이 목격하고 있는 경우엔 쉽게 도우려 들지 않는다면서, 그런 현상을 '제노비스 신드롬(Genovese Syndrome)'으로 불렀다.

2019년 《휴먼카인드(Humankind)》를 쓴 뤼트허르 브레흐만은 전혀 다른 얘기를 들려준다. 사건이 일어난 지 10년 후 큐가든스로 이사 온 조지프 드 메이라는 아마추어 역사가에 따르면, 졸지에 방관자로 지목되어 세상의 지탄을 받은 38명의 주민들이 사실은 언론의 희생양이었다는 것이다. 주민들은 경찰에 신고했고, 제노비스는 도움을 주려 뛰어나온 이웃 친구의 품에 안겨 눈을 감았으며, 경찰은 두 차례의 신고를 묵살하고 출동을 늦게 했다는 것이다. 술에 취한 상태에서 신고를 한 카를 로스가 경찰 조사에서 "나는 관여하고 싶지 않았다(I didn't want to get involved.)."고 말한 것을, 언론이 제멋대로 해석하고 '무관심의 전염병'에 대한 경종을 울리는 데 소재로 삼았다는 것이다. 만약 그것이 진실이라면 더 이상 '제노비스 신드롬'이라는 말은 쓰지 말아야 한다.

그렇지만, 실제로 방관자 효과는 심리학자들의 실험에서나 현실 세계에서 어느 정도 확인된다. 위험에 처한 이웃을 둘러싼 여러 명의 사람들이 방관자가 되는 이유는, 어떻게 보면 믿음 때문이다. 나 아닌 누군가가 경찰에 신고하거나 피해자를 도와줄 것으로 생각하는 것이다. 그러나 그것 때문에 그들이 비도덕적으로 행동하게 된다면 그 믿음이 진정한 믿음일까?

기업과 같은 조직에서도 믿음이 중요한 역할을 한다. 전사적으로 수립한 전략이 개인 차원의 실행으로 연결되기까지 세 가지 믿음의 연결고리가 있다. 첫째, 전략을 통해 만들어 낸 비전이 실제로 이루어질 것이라는 믿음, 둘째, 비전이 이루어지면 그 과실이 개인에게 공정하게 배분될 것이라는 믿음, 셋째, 개인에게 배분되는 과실이 개인의 필요와 욕구에 부합할 것이라는 믿음이 그것들이다. 이 믿음이 굳건치 않으면, 개인은 조직에서 원하는 대로 움직이지 않는다. 그 믿음의 차이들로 인해 조직의 전략이 개인 차원의 실행으로 변환되지 않는 것이다. 각각의 차이에 대한 의심이 개인의 동기를 저해하고 실행의 의지를 꺾으며, 개인들이 조직과는 다른 별도의 아젠다를 갖게 만든다.

　　　　중국 명나라 신종 때 선비 홍자성이 지었다는 《채근담》에 다음과 같은 글귀가 있다. "信人者 人未必盡誠 己則獨誠矣, 疑人者 人未必皆詐 己則先詐矣(신인자 인미필진성 기즉독성의, 의인자 인미필개사 기즉선사의, 남을 믿는 것은 남이 반드시 다 성실하기 때문이 아니라 자기 자신이 성실하기 때문이요, 남을 의심하는 것은 남이 반드시 다 속이기 때문이 아니라 자기 자신이 먼저 속이기 때문이다.)" 즉, 믿는다는 것은 사람들에게 무엇인가 기대하기 전에 먼저 스스로 성실해야 한다는 것이며, 진정한 신뢰는 믿되 거기에 편승하려 하는 것이 아니라, 믿는 동시에 자기가 할 일을 다하는 것이다. 그런 경우에만 믿음의 반대급부로 좋은 결과가 찾아오는 것이다. 그리고 믿음의 바탕 위에 자기 할 일을 다하는 사람으로 이루어진 조직은, 런던심포니오케스트라처럼 개인을 뛰어넘는 강한 힘을 발휘하여 경쟁에서 이기고 높은 성과를 내게 된다.

조직에서 리더가 반드시 해야 할 일 중의 하나가 바로 구성원들 사이에 진정한 신뢰가 자리잡도록 하는 일이다. 문제는 그러한 신뢰가 하루아침에 만들어지는 것이 아니라 오랫동안 쌓인 조직의 문화와 역사에 의해 만들어지며, 그 과정에서 리더들은 자기과시와는 결이 다른 솔직함과 솔선수범, 때로는 희생을 보여야 한다는 것이다.

영화 '애니 기븐 선데이(Any Given Sunday)'에서 미식축구팀의 감독 다마토를 연기한 알 파치노는, 중요한 경기를 앞두고 사분오열되어 있는 선수들을 불러모아 다음과 같은 연설을 한다. "인생은 1인치의 게임이다. 풋볼도 그렇다. 인생에서건 풋볼에서건 오차범위가 매우 작아서 반걸음만 늦거나 빨라도 성공할 수 없고, 0.5초만 늦거나 빨라도 공을 잡을 수 없다. 모든 일에서 그 인치가 문제다. 경기 중에 생기는 기회마다 매분, 매초마다 바로 그 인치를 위해 우리는 싸워야 한다. 우리는 그 인치를 위해 우리 몸을 부수기도 하고 남의 몸을 부수기도 한다. 그 인치를 위해 주먹을 움켜쥐어라. 그 인치들을 합치면 승패가 뒤바뀐다는 것을 우리는 알고 있다. 어떤 싸움에서건 죽을 각오가 되어 있는 사람만이 그 인치를 얻는다. 내가 인생을 더 살려고 하는 것은 아직 그 인치를 위해 싸우고, 죽을 각오가 되어 있기 때문이다. 그게 인생이기 때문이다."

그리고 감독인 자기는 이미 너무 늙어 선수인 그들을 그렇게 만들어줄 수 없다며, 다음과 같이 덧붙인다. "옆의 동료를 봐라. 그의 눈을 들여다봐라. 여러분과 같이 그 인치를 위해 함께 갈 각오가 보일 거다. 팀을 위해 자신을 희생할 각오가 보일 거다. 여러분은 서로를 위해 희생할 각오가 되어 있다. 그게 팀이다."

축적과 여유

거 인 의   어 깨 에 서

 과학자와 변호사가 어떻게 다른지
에 관한 농담이 있다. 양쪽 다 논리적으로 증거가 뒷받침하는 결론
을 펼친다는 점에서는 같지만, 변호사의 경우에는 결론을 먼저 정
해 놓고 거기에 맞는 증거들을 찾아가는 반면, 과학자의 경우에는
증거를 토대로 결론을 찾아간다고 한다. 물론 우스갯소리이기 때
문에 이 글을 읽는 변호사들께서는 너무 화내지 마시라. 어쨌든 이
농담을 통해 알 수 있는 것은, 과학의 경우 새로운 증거가 나타나
면 결론이 바뀔 수 있다는 것이다. 과학을 하는 입장에서는 우리가
이미 알고 있다고 생각하는 것도 계속해서 증거를 찾는 노력을 통

해 확인하고 또 확인해야 한다.

창의성은 기본적으로 과학에 바탕을 두는 창의성과 예술적인 창의성으로 나눌 수 있다. 그중 과학에 바탕을 두는 창의성은 하늘 아래 없는 완전히 새로운 것을 만드는 것이 아니라, 과거로부터 현재로 이어지는 축적의 과정이다. 축적의 과정이 있기 때문에, 과학이 우리에게 실질적인 이익을 가져다준다.

미신이나 종교는 과학과 달리 지식의 누적이 필요하지 않다. 예술에서는 일부 과거로부터의 축적이 필요한 것도 있지만, 그 연장선상에서 벗어난 것들이 더 각광을 받는다. 과거의 것과 다른 새로운 것이 나타나면, 과거의 것은 진부하다는 평가를 받는다. 이에 비해 과학에서는 과거에 참이었던 것을 부정함으로써 새로운 것이 생겨나는 것이 아니라, 좀 더 큰 새로운 틀에서 새롭게 해석하는 과정을 통해 발전을 거듭한다. 지구를 중심으로 하늘의 해와 달과 별들이 움직인다는 천동설은 지동설이 나타나면서 어느 날 갑자기 완전히 부정되는 것이 아니다. 천동설을 뒷받침하는 데이터는 지동설의 입장에서도 그대로 쓸 수 있다. 다만 수많은 관측과 기록과 추론과 계산이 더해져서 인간의 눈에 해와 달과 별이 움직이는 것처럼 보이는 이유가 새롭게 해석되는 것이다.

뉴턴(Isaac Newton, 1643~1727)이 사과나무에서 사과가 떨어지는 것을 보고 만유인력의 법칙을 발견했다는 얘기는 그야말로 신화이자 전설일 뿐이다. 뉴턴은 1676년 로버트 훅(Robert Hooke, 1635~1703)에게 보낸 편지에서 "네가 더 멀리 보아 왔다면, 그것은 거인들의 어깨 위에 서 있었기 때문이오."라고 썼다. 또 아인슈타인(Albert Einstein, 1879~1955)은 "새로운 이론을 만드는 것은 낡은 헛간을 헐고 그 자리에 고층 건물을 세우는 것과는 다르다. 그보다는 산을 오르는 것과 같다. 산을 오르면서 새롭고 넓은 시야를 얻게 되면, 처음에 출발했던 지점과 그 주변의 각양각색의 풍경 사이에 미처 생각하지 못했던 연관성이 있음을 발견하게 된다. 그래도 처음에 우리가 출발했던 지점은 여전히 존재하며, 시야에서 사라지지도 않는다. 비록 그 모습이 점점 작아지고, 장애를 극복하며 정상을 향하는 길에 얻은 넓은 시야에서 미미한 부분만을 차지할 뿐일지라도."라고 했다. 그런 점에서 천재 한 사람의 직관은 순전히 그 개인의 능력이나 노력의 산물이 아니라, 과거로부터 축적된 자산을 물려받아 그 시대에 꽃피게 된 일종의 시대정신의 발현으로 볼 수 있다.

뉴욕 파슨스대 전략디자인경영학과 교수 에린 조(Erin Cho)가 쓴 책 《아웃런(Outrun)》을 보면, 그런 내용이 현대적인 관점에서 잘 설명되어 있다. "많은 사람들이 창의적 능력은 동물적 감각이자 본능이며, 특별한 유전자를 가지고 태어난 사람들에게만 주어지는 특성이라고 생각한다. 한마디로 아무나 용한 점쟁이가 될 수는 없다고 믿는 것이다. 그러나 내 생각은 다르다. 창의력, 특히 의사 결정에 중요한 영향을 미치는 창의력은, 오히려 '경험을 바탕으로 한 일련의 사고 과정'으로 보는 것이 더 정확하다. 또한 창의적인 아이디어는 근거 없이 순간적으로 떠오르는 생각이 아니라 오랜 시간 다양한 경험을 바탕으로 현재의 의미를 끄집어내는 문제 해결 능력이다."

흔히 창의성이라 하면 사람들은 독창적인 것, 위험이 뒤따르는 것, 상상된 적이 없는 것, 들리지 않거나 보이지 않는 것 등의 이미지를 떠올린다. 물론 이런 측면들도 없진 않지만, 디자인 경영을 통한 기업의 탁월성 추구를 연구하는 에린 조 교수의 의견을 보면, "창의적인 사고와 그 결과물은 대개 통합 능력(ability to integrate), 생각의 깊이(thoughtfulness), 심사숙고(deliberation), 끈질김(tenacity)에서 나온다."는 것이다. 또 새로운 것을 창조하려면 경험과 지식, 그것을 끊임없이 생각하고 응용해서 "엮어 내는 능력(ability to connect moving dots)"이 필요하다고 얘기한다.

문재인 대통령의 경제과학특별보좌관을 역임한 이정동 서울대 산업공학과 교수는 '축적 전도사'로 유명하다. 2015년에 기계, 전자, 섬유, 토목, 항공, 우주, 해양 등 각 분야의 전문가들과 함께 한국 산업이 처한 정체의 원인을 진단한

《추적의 시간》을 대표 집필하면서, 창조적 개념설계의 중요성을 짚어 내 큰 반향을 일으켰다. 이후 후속작《축적의 길》(2017)을 통해 '어떻게 도전적 시행착오의 경험을 축적해 나갈 것인가'에 관한 대안적 방향을 제시했다.

개념설계는 '존재하지 않던 그 무언가를 그려 내는 것'이다. 글로벌 챔피언 기업들의 핵심 경쟁력은 바로 제품과 서비스의 새로운 개념을 제시하는 개념설계 역량에서 나온다. 그는 한국 산업도 이제 개념설계 역량을 확보해야 한다는 인식을 갖고 있지만, 여전히 실행의 프레임에 갇혀서 벗어나지 못하고 있다고 진단한다. 즉, 적당히 잘하고 있는 것을 조금 더 잘하기 위한 노력은 많지만, 아예 새로운 것을 시도하고 시행착오를 쌓아 가는 노력이 부족하다는 것이다. 그래서 "우리를 눈부신 성공으로 이끈 바로 그 실행의 관행과 결별"해야 한다고 주장한다. 블루오션에 집착하고, 챔피언 기업들을 열심히 벤치마킹하고, 대세를 추종하기 위해 끝없이 긴장하는 데 머물 것이 아니라, 선진국도 해보지 못한 새로운 것에 과감히 도전해야 한다는 것이다.

그런데 새로운 것에 대한 도전도, 사람을 통해 꾸준히 시행착오를 축적해야 가능하다고 한다. 업의 본질에 충실하되, 남들이 흉내 낼 수 없는 수준의 시행착오를, 현장이라는 그릇을 통해 쌓아 가야 한다는 것이다. 이를 위해 사회적으로도 사람을 귀하게 여기고 사람에게 투자하는 분위기가 갖춰져야 한다고 설파한다.

사실 모든 형태의 축적은 필연적으로 붕괴와 연결된다. 성냥개비를 계속 쌓다 보면 언젠가는 무너진다. 아무리 거대한 부를 축적한 개인이나 기업, 국가도 영원히 존속할 수는 없다. 타성에 의해 계속되는 축적은 붕괴에 이은 소멸로 연결된다. 그런데 그 붕괴가 때로는 질적 변화를 통해 전혀 새로운 것을 가져다주기도 한다. 그 질적 변화가 혁신이고, 창의성의 발현을 통한 새로운 창조이다. 개인이 쌓은 부는 질적 변화를 통해 기업이라는 형태로 변했으며, 기업 또한 그 내부구조와 사회에서의 역할을 계속 바꾸고 진화하는 과정을 통해 끊임없는 존속을 시도해 왔다.

축적의 과정에는 반드시 인내와 각성이 필요하다. 어느 날 하늘에서 뚝 떨어지는 새로운 것을 받아 들고 단지 감탄만 하려면, 인내와 각성이 필요하지 않을 것이다. 그렇지만 매번 원래의 상태에 머물지 않고 한 발짝 한 발짝 새롭게 내딛기 위해서는, 그 모든 과정에서 인내와 각성이 필요하다. 스포츠 선수들은 매일같이 반복되는 훈련을 통해 자기가 원하는 움직임의 패턴을 몸속에 집어넣으려고 애쓴다. 아무도 성공하지 못했던 새로운 기술도 그 과정을 통해 나온다. 철학자들은 물웅덩이에 발이 빠지는 것도 모른 채, 생각에 잠겨 매일매일 똑같은 길을 산책하기도 한다. 아무도 말하지 않았던 세상의 원리를 자기 논리 속에서 일관되게 구성하기 위해서다.

꾸준한 축적을 진행하는 사람을 대할 때에는 어느 정도 시간적, 공간적인 거리 두기, 즉 여유 있는 기다림이 필요하다. 세상의 모든 사물은 시간의 흐름에 따라 변하며, 변한다는 것은 무엇인가 잠재력을 갖고 있다는 것이다. 아이들이 자라서 대견한 모습으로 성장하는 것과 같다. 그런데 시간적으로나 심리적으로 여유가 없으면, 그 잠재력을 받아들이지 않고 당장 드러나는 현상만으로 결론을 내리려고 한다. 알에서 애벌레가 나오고 고치에서 예쁜 나비가 나오는 것을 기다리지 못한다. 상대방의 잠재력이 발현되는 것을 보기 위해서는 기다려야 한다.

어떤 문제가 있을 때 그것을 해결하기 위해 성급히 달려들기보다는 한 템포 늦추는 것이 도움이 되는 경우가 많다. 대화를 할 때도 상대방이 하는 얘기가 내 귀에 쓰다고 해서 상대방이 나를 비난하거나 질책하는 것으로 바로 판단해버리면 낭패를 볼 수 있다. 상대방이 나에 대한 관심을 보이고 더 이해하고 싶어 할 때, 어떤 문제를 함께 나누어 해결하고자 할 때에도, 귀에 쓴 얘기를 하는 것처럼 들릴 수 있다. 그다음 얘기를 기다려야 한다. 그래야 상대방이 내게 얘기하고자 하는 진심을 파악할 수 있으며, 인간관계를 해치지 않는다. 마찬가지로 누군가가 어떤 변화를 꾀할 때 그 속도와 방향이 내가 바라는 것과 다르게 느껴지는 수가 있다. 그러나 여유를 가지고 바라보면 나와 상대방이 많은 부분을 공유하고 있고, 의외로 차이가 적다는 것을 확인하게 되는 경우가 많다.

미국 트위터(Twitter) 본사에는 "내일은 더 나은 실수를 하자(Let's make better mistakes tomorrow.)."는 구호가 크게 써 있다고 한다. 여기서 중요한 것은 '실수(mistakes)'가 아니라 '더 나은(better)'이라는 말이다. 축적의 과정에서 끊임없이 부딪치는 일상적인 문제들을, 비록 그것들이 사소한 것일지라도 무덤덤하게, 대수롭지 않게 여겨서는 안 된다. 실패의 요인 하나하나는 민감하게 인지되어야 하고, 이유가 분석되어야 하고, 거기서 교훈을 얻어야 하며, 얻어진 교훈들은 기억되어야 한다. 그래야 그것들이 성공을 향한 과정의 디딤돌이 될 수 있다. 그런데도 대부분 개인에게 있어서나 조직에게 있어서 실패의 경험이 교훈으로 바뀌지 않는다. 그 이유는 간단하다. 들추어내고 싶지 않고, 기억하고 싶지 않기 때문이다. 개인은 실패의 쓰라린 기억을 빨리 잊어버리고 싶어 하고, 조직에서는 하부의 실패 경험이 상부로 전달되기를 원하지 않는다. 자신이 편한 대로 생각하고, 자기 생각에 맞는 것만 보고 들으려 하기 때문에, 실패에 대해서 고통스럽게 직면하려 하지 않는 것이다.

축적은 제 무게를 못 이겨 붕괴로 이어지거나, 질적 변화를 통한 혁신을 낳거나 둘 중 하나다. '불편한 진실에 맞서는 용기와 인내'가 없으면 무엇인가가 축적된다고 해도 질적 변화를 수반하지 않기 때문에 무너져 내릴 수밖에 없다. 그럴 때는 혁신과 창조가 불가능하다.

사람들은 창의적인 어떤 결과를 만들기 위해 오랫동안 인내하며 축적한 과정은 기억하지 못하고, 최종 마무리의 순간만을 마치 번쩍이는 섬광이 찾아온 것처럼 기억하는 경우가 많다. 그것이 바로 혁신과 창의성에 대한 오해의 주된 이유다. 사실 한 명의 천재에게서 창의적인 결과가 나오는 경우는 아주 드물다. 그보다는 열정적이고 꾸준한 학습을 실천하는 구성원이 주변의 다른 사람, 다른 조직과 협업을 진행하는 과정에서 창의적인 결과가 훨씬 많이 나온다. 생산 현장에서, 실험실에서, 그리고 상품매장에서 또는 기획업무를 위한 책상과 회의실에서 일상적이고 반복적인 활동을 하는 것처럼 보이지만, 그 과정에서 생겨나는 사소한 문제들에 직면해서 꾸준하게 한 발짝 한 발짝 내딛는 구성원들이 바로 창의성의 원천이고 혁신의 주인공들이다. 이렇게 일상적(Routine)인 일을 반복하는 사람들을 가볍게 여겨서는 안 된다. 그들에게서 아무것도 기대할 것이 없다고 생각하면 큰 오산이다. 바로 그들에게서 무엇인가가 나올 수 있도록 계속 자극하면서도 기다릴 줄 아는 지혜를 가진 리더만이 혁신과 성공을 이끌어 낼 수 있다.

원칙과 기본
로프 묶기와 바둑의 정석

등산을 하거나, 요트를 타거나, 인명 구조를 하는 사람들에게 로프를 묶는 일은 목숨에 직결되는 일이다. 그래서 그들은 로프 묶는 방법에 대해 철저히 교육받고 수없이 훈련을 반복한다. 로프를 묶을 때 중요한 것은 얼마나 세게 잡아당기고 꽉 묶느냐가 아니라, 매듭을 짓고 고리를 만들어 꿰는 순서다. 그 순서가 잘못되면 아무리 세게 묶어도 쉽게 풀리고 만다. 순서를 잘못 꿴 로프는 사람의 목숨을 빼앗아 갈 수 있다. 그런데 히말라야와 같이 아주 높은 산을 등반하는 사람들의 얘기로는, 산소가 희박해지는 고도 이상으로 올라가면 눈앞의 사물도 제대로 보이지 않고, 판단력이 흐려지며, 아무 생각도 할 수 없는 상태가 된다고 한다. 본능에 의지해서 몸을 움직이는 수밖에 없다는 것이다. 그런 상태에서 급박한 상황이 닥쳐 로프를 묶어야 할 때는, 머릿속에서 생각을 하고 순서를 따져 가며 묶을 수 없다. 그야말로 본능적으로 아무 생각 없이 묶을 수밖에 없다. 그런데 훈련할 때는 멀쩡하게 순서를 기억하고 차근차근 잘 묶을 뿐 아니라 남에게 설명까지 할 수 있었던 사람이, 실제 상황에서 전혀 터무니없이 로프를 잘못 묶어서 큰 사고를 당하기도 한다. 반대로 아무 생각 없이 순서대로 묶을 줄은 알지만 남에게 그것을 차근차근 설명할 줄은 모르는 사람은, 그런 실수를 하는 경우가 거의 없다고 한다. 왜 그럴까?

기억하고 설명한다는 것은 뇌의 생각하는 부분을 작동시키는 것이다. 뇌의 생각하는 부분은 뇌에 과부하가 걸리거나 산소가 희박해지거나 몇 끼를 굶게 되면 제대로 작동하지 못한다. 뇌의 여러 부분 가운데 가장 에너지를 많이 쓰는 부분이기 때문에, 상황이 열악해지면 가장 먼저 스위치가 꺼지는 것이다. 로프를 잘못 묶어서 사고를 당하는 고산등반가는, 뇌의 생각하는 부분에 의존해서 로프 묶는 법을 기억하는 사람이다. 그런데 로프를 순서대로 묶을 수는 있지만 그것을 남에게 제대로 설명하지 못하는 사람은, 뇌의 생각하는 부분을 작동시키는 것이 아니라 운동능력과 본능적인 것들을 관장하는 기저핵을 작동시키는 것이라고 한다. 기억시스템이 아니라 '각인 시스템'을 동원한 것이다. 이 부분은 몸을 움직이거나 생각을 하는 순서와 밀접한 관련이 있으며, 에너지를 적게 써서 아주 효율적으로 작동하고, 목숨이 붙어 있는 한 스위치가 거의 꺼지지 않는다고 한다. 그래서 산소가 희박하고 거의 의식이 희미해진 상황에서도 작동을 멈추지 않고, 정확하게 로프 묶는 순서를 불러내서 몸을 그대로 움직이게 만드는 것이다.

바둑은 가로세로 19줄이 교차하는 점으로 이루어진 반상에 흰 돌과 검은 돌을 번갈아 놓으며 승부를 가르는 게임이다. 같은 점들에 돌을 채우더라도 각 점에 돌을 놓는 순서가 바뀌면 승부는 전혀 다른 방향으로 전개된다. 나는 젊은 프로바둑기사 두 명이 마주앉아 연습 대국을 하고 복기하는 장면을 구경한 적이 있다. 그야말로 경이로운 장면이었다. 한 판의 바둑을 끝낸 두 기사가 복기를 하는데, 승부의 각 장면에서 실제 대국과 다른 점에 돌을 놓았다면 그다음 상황이 어떻게 전개될 것인지 일종의 시뮬레이션을 하는 것이었다. 그들은 그야말로 손가락이 보이지 않을 정도의 빠른 속도로 수십 수를 펼쳐 보이고서는 "아, 이렇게 되는 거지." 또는 "봐, 안 되잖아?"라는 얘기를 주고받으면서 돌을 쓸어 담고, 다시 다른 상황에 대해 시뮬레이션 하기를 수백 번 반복했다.

한 판의 대국을 복기하는 것이 일반인들의 기준으로는 수백 번의 대국을 하는 것과 같았고, 그 속도는 눈으로 따라잡을 수 없을 정도였다. 내가 "어떻게 그렇게 빠를 수가 있느냐? 돌을 놓을 때 생각을 하고 놓느냐?"고 묻자, 그중 한 명이 무심한 표정으로 대답했다. "생각하면서 이렇게 하려면 하루종일 걸려도 제대로 복기를 못 해요. 돌 하나하나에 대해서는 생각을 할 필요가 없어요. 돌 하나 놓고 나면, 그다음의 칠팔십 수는 당연히 그렇게 가야 하기 때문에 그냥 놓는 거예요." 생각을 하지 않고 어떻게 돌을 놓을 수 있을까?

물론 실제 대국에서 프로기사가 '그냥' 두는 돌은 단 한 점도 없을 것이다. 드라마 '미생'에서 어린 바둑연구생 장그래의 스승은 이렇게 얘기한다. "바둑에 그냥이란 건 없어. 내가 무얼 하려고 할 때는 상대가 어떤 생각과 계획을 갖고 있는지 파악해야 해. … 그냥 두는 수라는 건 '우연'하게 둔 수인데, 그래서는 이겨도 져도 배울 게 없단다. '우연'은 기대하는 게 아니라 준비가 끝난 사람에게 오는 선물 같은 거니까……." 복기를 하던 프로기사들은 '그냥 두는 거'라고 하고, 장그래의 스승은 '그냥'은 없다고 하는데, 무슨 차이일까?

바둑기사들은 공격과 수비에 있어서 백과 흑 모두에게 최선이 되기 때문에 당연히 그렇게 진행되어야 하고 바뀔 가능성이 없는 패턴을 '정석(定石)'이라고 부른다. 수백 년 동안 셀 수 없이 많은 바둑기사들이 승부를 겨루면서 검증한 것이다. 최근 AI가 바둑에 도입된 이후에는 그렇게 검증된 정석들조차 다시 검증을 받고 일부는 버려진다고 한다. 어쨌거나 정석의 선택은, 고민하지만 일단 정석의 상황에 들어오면 프로기사들은 그 정석에 대해 거의 생각하지 않는다. 그저 본능적으로 손가락을 움직일 뿐이다. 그 순간 그들은 다른 승부처에 대해 생각한다. 정석 안의 매 한 점에 대해서까지 생각을 하게 되면, 뇌에 과부하가 걸려서 정작 중요한 승부처의 한 점에 대해서는 판단하고 결정할 수가 없게 된다. 다시 말하자면 일련의 순서로 연결해서 하나의 묶음으로 처리하면 되고, 결코 바뀌어서는 안 되는 것, 또는 바뀔 수 없는 것들은 머릿속의 깊숙한 부분에 저장해서 필요할 때마다 자동으로 끌어내서 쓰는 것이다. 그렇지 않고 매번 생각하고, 계산하고, 판단하고, 매지점마다 의식적으로 결정하는 것은, 적어도 그 상황에서는 에너지 비효율적이다. 정석의 한 점을 '그냥' 두는 것 같지만, 이미 수없는 반복연습을 통해 준비가 끝나 있는 것이다. 그리고 그 시간에 '그냥둘 수 없는' 승부처에 집중하는 것이다.

이처럼 목숨과 관계되는 로프 묶는 법이나 바둑에서 결정적인 순간에 실수 없이 전개해야 하는 정석처럼 가장 중요한 것들은 기억이 아니라 '각인'되어야 한다. 일의 순서와 무엇이 더 중요한지를 판단하는 능력, 그리고 사람의 도리를 행하는 윤리나 철학과 관계되는 부분도 마찬가지다. 이런 것들이 기저핵 안에 저장, 즉 각인되도록 하는 방법은 오로지 반복밖에 없다. 더 많이 반복할수록 기저핵에 강하게 자리잡는다. 로프 묶는 법을 수십 번 반복 훈련한 사람은 뇌의 생각하는 부분에 기억을 담게 되지만, 수백 번 반복 훈련한 사람은 기저핵에 각인시킨다. 피아니스트가 콘서트를 앞두고 정해진 곡을 연습할 때도 마찬가지다. 생각이 손가락을 움직이지 않고도 한 치의 오차 없이 건반을 누를 수 있도록 반복하고 또 반복해서 연습한다. 부모가 아이들에게 숟가락질을 가르치거나 친구와 사이좋게 지내고 어른에게 인사를 잘하도록 가르칠 때도 귀가 따갑도록 반복하고 또 반복하는 이유는, 그것들이 세상을 살아가는 데 무엇보다도 중요하기 때문이다. 그것이 반복의 힘이다. 반복을 통해 깊숙이 저장된 각인의 힘으로 쉽게 바뀌지 않고 필요할 때 필요한 행동을 할 수 있도록 해주는 것이다.

어떻게 보면 각인은 석유나 석탄 등의 화석연료와 같다. 화석연료는 수억 년 동안 쌓인 유기물들이 에너지를 농축하고 또 농축한 결과 고효율의 에너지원으로 변한 것이다. 마찬가지로 습관이나 잠재의식으로 각인된 기억들은 오랜 기간 수없이 많은 반복을 통해 깊숙이 저장된 것이라서 중요한 순간에 큰 힘을 발휘한다. 매우 효과적이고 효율적으로 작동하지만 역시 잘못 사용되면 치명적인 결과를 낳을 수 있다.

예를 들어 자전거를 타거나 자동차를 운전할 때 서툰 사람은 넘어지거나 미끄러지려는 쪽의 반대 방향으로 핸들을 튼다. 위험이 생기는 쪽에서 멀어지려는 습관과 잠재의식이 신경세포에 내장되어 있어, 아무 생각 없이 자동적으로 그렇게 한다. 하지만 그건 잘못된 방식이며 위험을 가중시킨다. 사고가 나면 큰 부상을 당하거나 목숨을 잃을 수도 있다. 넘어지거나 미끄러지려는 쪽으로 방향을 틀어야 하는데, 이런 잘못된 습관은 왜 생겼을까? 간단하다. 우리의 신경세포에 그런 습관이 내장되는 동안에는 자전거나 자동차가 없었기 때문이다. 자전거나 자동차를 운전할 때 매우 위험한 상황에서 새롭게 필요한 습관을 갖추려면, 다시 반복을 통한 습관화가 필요하다. 탄소 배출에 의한 지구온난화를 걱정할 필요가 없었을 때, 화석연료는 현대문명을 일으키는 중요한 역할을 했다. 마찬가지로 지금은 우리가 숨쉬고 살아가야 할 지구를 위해 새로운 습관을 갖춰야 하는 상황이다.

아리스토텔레스가 아들 니코마코스에게 남긴 《니코마코스 윤리학(Ethika Nikomacheia)》에 의하면, '덕

(德, arete)'을 추구한다는 것은 그것을 실천하는 '습관(ethos, 에토스)'을 쌓는 것이다. 습관은 반복된 실천을 통해 몸에 익혀진 것을 의미한다. 아리스토텔레스는 또 중용의 덕을 인격적 요소로 습관화하는 것은, 마치 피리 연주자가 피리 부는 기술을 익히는 일과 같다고 하였다. 우선 피리를 불어보아야 하고, 꾸준한 연습을 통해 마침내 연주자가 된다. 소리를 다듬고 기법을 익히면서 자신이 연주하는 피리 소리를 즐기게 된다. 물론 처음에는 서툰 소리로 인해 고통스러움도 겪게 되겠지만, 아름답고 고귀한 소리를 낼 수 있는 경지의 희열을 맛보게 된다. 덕을 소유한 사람은 실천의 습관을 잘 형성하고 그것을 즐기는 경지에 있는 사람이다.

만약 어떤 정치가의 연설이 청중들에게 감동과 신뢰를 불어넣었다면, 연설 중 무엇이 그것을 가능하게 했을까? 아리스토텔레스는 그것이 바로 '에토스'이며, 그의 평상시 습관에서 카리스마가 형성되었기 때문으로 본다. 다른 정치가의 연설에 미움과 분쟁이 가득 차 감동을 주지 못한다면, 그 이유는 그의 일상과 습관이 진부하기 때문이라는 것이다. 아리스토텔레스는 "덕에는 지적인 덕과 도덕적인 덕이 있다. 지적인 덕은 자신의 태생과 교육을 통해 결정된다. 그러나 도덕적인 덕은 습관의 결과다."라고 하였다. 이처럼 사람들이 해야 할 도리, 즉 '윤리(ethike, 에티케)'는 '습관'이란 의미를 지닌 '에토스'에서 유래한 말이다. 끊임없는 연습의 과정을 거쳐 각인된 것이 습관이며, 습관의 수련을 통해 탁월함이 성취된다. 한자의 '습(習)'이라는 글자는 스스로 날려고 하는 새끼 새의 날갯짓을 형상화한 것이다. 수천, 수만 번의 날갯짓을 통해 아기새는 비로소 하늘을 나는 새가 될 수 있다.

기업에서도 각 기업마다 차이는 있겠지만, 가장 중요하게 여기는 기본적인 것들은 구성원들의 본능 속에 각인시켜야 한다. '고객 제일 마인드'가 될 수도 있고, '안전 우선'이 될 수도 있으며, 경쟁 제품보다 무조건 품질이 뛰어나야 한다는 '품질 중시'가 될 수도 있고, '지속적인 혁신'을 가장 중요하게 여길 수도 있다. 무엇이든지 그 기업에 가장 중요한 것은 경영자의 연설에서 한두 번 언급하거나 제도, 절차, 업무표준에 들어 있는 정도로는 부족하다. 채용과 교육, 평가와 보상의 모든 인사 절차뿐 아니라, 업무의 기획, 자원 배분, 실행, 평가에 이르는 모든 단계에서, 그리고 최고경영자에서부터 일선 종업원에 이르기까지 모든 구성원의 일상 속에 반영되고 드러나며, 반복적으로 환기시키고 끊임없이 적용하도록 해야 한다.

세월호 참사 이후 전 국가적으로 안전에 대한 우려와 관심이 높은데도 산업현장에서 크고 작은 사고가 끊이지 않고 있다. 특히 안전에 관련된 일은 대개 급박한 위기 상황에서 발생하기 때문에 차분히 생각할 여유가 없이 본능적으로 반응할 수 있도록 훈련하는 방법밖에 없다. 그것이 반복이다.

전문적인 코미디언은 수많은 청중을 웃기는 반면, 똑같은 콘텐츠를 가지고도 아마추어는 친구 한 명도 제대로 웃기지 못한다. 코미디언은 청중에게서 예기치 않은 반응이나 야유가 나와도 그것을 다시 '즉흥적(ad lib, 애드립)'으로 활용하는 반면에, 아마추어는 미처 예견하지 못한 친구의 표정이나 반응에 스스로 어색해한다. 그 차이는 오로지 반복연습이다. 코미디언은 반복을 통해 웃음을 만들어 내는 순서와 디테일을 몸으로 기억하고 있기 때문에, 애드립을 해야 할 때 생각의 에너지가 많이 필요하지 않지만, 아마추어는 코미디의 내용을 머릿속의 생각으로만 기억하고 반복연습을 거치지 않았기 때문에, 조그마한 상황 변화에도 생각이 복잡해져서 자연스럽게 웃길 수 없는 것이다.

이처럼 무언가를 각인시킨다는 것은, 굳이 의식적으로 생각하지 않고도 의도한 방향과 순서로 개인의 몸이나 조직의 구성원들이 빠르게 움직여서 당초의 목적을 이룰 수 있게 한다는 것이다. 생각이라는 유한한 자원을 낭비하지 않고 정말로 필요할 때 필요한 곳에 유용하게 쓸 수 있도록 하는 것이다. 바둑에서 상대방이 정석을 벗어난 한 수를 놓았을 때, 정석에 통달한 바둑기사는 그것을 예민하게 포착해서 비로소 승부를 결정지을 판단을 하고자 장고에 들어간다. 이때 비로소 생각에 집중하는 것이다.

반복을 통한 각인으로 원칙에 충실한 기업은 경쟁자의 전략이나 환경이 변할 때, 그것을 감지하는 속도가 빠르고 수월하게 대응 방안을 찾아서 빨리 실행에 옮길 수 있다. 탄착군의 확인을 통해 영점 조정을 마친 사격수와 그렇지 않은 사격수가 바람의 변화에 대응하는 결과가 달라지는 것과 마찬가지다. 최근 환경변화의 속도가 빠르고 폭이 커지면서 발 빠른 대응과 창의성은 중요하게 여기는 반면, 원칙과 기본은 소홀하게 생각하고, 지루하게 반복해야 하는 것은 폄하하는 경향이 있다. 그러나 상황에 걸맞은 창의성은, 기본이 탄탄하고 원칙에 충실할 때 나올 수 있다는 것을 기억해야 한다. 그래서 가장 중요한 것은 머리가 아니라 몸으로 기억해야 한다.

CHAPTER 4

변화에 대처하기

흔들리지 않고 피는 꽃이 어디 있으랴
이 세상 그 어떤 아름다운 꽃들도
다 흔들리면서 피었나니
흔들리면서 줄기를 곧게 세웠나니
흔들리지 않고 가는 사랑이 어디 있으랴
......

(도종환, 〈흔들리며 피는 꽃〉 中에서)

변화와 암적 존재

배 고 픈   피 라 냐 와   침 팬 지

아마존에 서식하는 피라냐는 원주민 말로 '이빨이 있는 물고기'라는 뜻이며, 민물고기로는 드물게 육식을 한다. 무리를 지어 생활하다가 강을 건너는 가축이나 큰 동물을 집단으로 공격해 삼각형의 예리한 이빨로 뼈와 가죽만 남기고 모두 먹어 치운다. 때때로 사람도 희생될 정도로 무섭고 흉포한 녀석들이다. 관상용으로도 많이 키우는데, 살아 있는 생선 외에도 생닭, 돼지고기, 쇠고기까지 닥치는 대로 잘 먹는다고 한다.

피라냐를 어항이나 수족관에 넣고 실험을 해보면 재미있는 사실을 알게 된다. 수족관 한쪽 끝에 먹이를 매달아 놓으면 녀석들이 먹이를 쫓아 한쪽 끝으로 몰린다. 이때 수족관 한가운데를 투명한 유리판으로 막아버린다. 얼마 동안은 이 녀석들이 먹이를 쫓아 유리판에 돌진을 거듭한다. 그러나 시간이 흐르면서 더 이상 유리판에 돌진하지 않는다. 일단 모든 피라냐들이 돌진하지 않는 상태가 되면, 당분간 그 상태를 유지하다가 조용히 유리판을 치운다. 놀랄 만한 일은 그다음에 벌어진다. 한쪽 끝에 먹이를 매달아 놓아도 배고픈 피라냐들이 유리판이 있을 만한 곳을 넘지 않고 되돌아오는 것이다. 녀석들은 이미 넘을 수 없는 투명한 유리판에 철저히 적응한 것이다. 이들은 중간 지역을 넘어가지 않는 스스로에 대해 마음속으로 흐뭇해할 것이다. "여기가 끝이야. 더 가려고 해봤자 머리만 아프지."

조직이론의 대가인 게리 해멀과 C. K. 프라할라드가 다음과 같은 실험을 했다. 원숭이들을 커다란 우리에 가둔 다음, 천장에 바나나를 달아 놓고 줄을 매달았다. 원숭이들은 천장에 있는 바나나를 보고 줄을 타고 기어올랐다. 이때, 호스로 찬물을 뿌려서 줄에 오른 원숭이를 떨어뜨렸다. 그렇게 우리 안의 원숭이들이 찬물을 몇 번 맞게 되면, '먹을 수 없는 바나나'라는 생각이 들어서 어떤 원숭이도 더 이상 줄을 타고 오르려 하지 않았다고 한다. 그 후에는 사람이 지키지 않아도 바나나가 없어지지 않고 계속 남아 있게 된다는 것이다.

이후 우리 안에 있는 원숭이 한 마리를 새로운 원숭이로 교체한다. 새로 들어온 원숭이는 곧 천장에 매달려 있는 바나나와 줄을 발견한다. 그러고는 바나나를 따기 위해 줄에 오른다. 그러면 다른 원숭이들이 줄에 오르려는 원숭이를 그냥 말리는 정도가 아니라 '꽥꽥' 하고 화를 내면서 아주 세게 잡아당긴다. "올라가지 마라. 너 때문에 우리까지 찬물 맞는다. 절대로 저 바나나는 못 먹는다." 그런 의미로 하는 행동일 것이다. 그래서 결국 새로 들어온 원숭이도 줄을 타려 하지 않는다. 이제는 일정한 간격을 두고 우리 안의 원숭이를 계속 한 마리씩 교체한다. 나중에는 찬물 세례를 실제로 맞아본 원숭이는 한 마리도 남지 않았는데도 바나나를 먹으려고 하지 않더라는 것이다. 환경이 변하고 세상이 변해도 변하지 않으려 하는 피라냐와 원숭이들, 비단 그들만의 문제일까?

이 세상에 도저히 있을 수 없는 일은 딱 한 가지다. 시작이 있고, 끝이 있고, 그 사이에 아무 변화가 없는 것, 그것뿐이다. 한 개인이건, 국가건, 문명이건, 우주건, 모든 것에는 시작과 끝이 있으며, 그 사이에 반드시 변화가 있다. 그래서 그리스 철학자 헤라클레이토스는 "우주에 변하지 않는 유일한 것은 '변한다'는 사실 뿐이다."고 했으며, 불교에서는 '제행무상(諸行無常)'의 가르침을 중요시한다.

19세기 후반 미국 뉴잉글랜드 지방에서는 얼음사업이 크게 돈

벌이가 됐다. 이 사업은 얼어붙은 호수의 얼음을 잘라서 전 세계에 파는 사업이었다. 가장 큰 배는 한 번에 200톤씩 얼음을 싣고 인도를 향해 떠났는데, 도착할 때는 녹지 않고 남는 얼음이 절반가량이었고, 이 정도면 큰 이익을 남길 수 있었다고 한다. 그런데 제빙기라는 새로운 기술이 개발되면서 이 사업에 종사하던 많은 사람들이 일자리를 잃었다. 하지만 얼음을 캐내던 사람들은 예전에 자기들에게 성공을 안겨주었던 방법을 그대로 고수하려고 안간힘을 썼다. 지금 돌이켜보면 참 어처구니없는 일이지만, 그들은 더욱 성능이 좋은 톱을 도입했고, 더 좋은 창고와 더 좋은 운송수단을 찾아서 기존의 경쟁자들 사이에서 우위에 서고, 똑같은 시장에서 살아남으려고 했다. 그러나 지금 그들의 흔적은 찾아볼 수가 없다.

요즘 우리나라 대학들이 벚꽃 피는 순서대로 문을 닫을 것이라는 말이 나오고 있다. 대학이 스스로를 '고등학교를 졸업하고 사회에 진출하기 전의 학생들을 가르치는 기관'으로 정의한다고 생각해보자. 대학의 수는 늘어나는데 신입생은 줄어들고, 그들의 교육에 대한 수요가 급격히 변할 수 있으며, 직업학교나 기업들의 사내훈련원, 또는 해외의 교육기관 등과 경쟁하게 될 수도 있다. 그런데 대학이 '사회 전체의 지식수준을 높이고 넓은 범위의 교육 수요에 대응하는 기관'으로 스스로를 정의하면, 산업의 변화에 따른 노동력이나 지식, 기술의 수급 불일치가 모두 대학의 기회로 연결될 수 있다. 또 성인들의 평생교육이나 삶의 질을 염두에 둔 인문학 교육 등 다양한 기회를 포착할 수 있다. 실제로 사회는 대학이 급격히 변화하는 지식 수요에 적극 대응해줄 것을 요구하고 있다. 많은 노력을 하고 있겠지만 아직도 상아탑이라는 명분으로 변화를 받아들이지 못하는 모습이 눈에 띈다. 그 이유는 대부분 기득권 때문일 것이다.

천천히 데워지는 냄비 안의 개구리는 상당 기간 따뜻하고 기분 좋은 사우나를 즐길 수 있지만, 결국에는 죽고 만다. 살아남기 위해서는 아쉽지만 냄비를 박차고 차가운 바깥으로 뛰쳐나와야 한다. 변한다는 것은 항상 아쉬움과 고통을 수반하기 때문에 대부분의 사람들은 변화를 선뜻 받아들이지 못한다. 오죽하면 유대 격언 중에 "기저귀가 축축해진 아기 외에 변화를 좋아할 사람은 없다."는 말까지 있겠는가!

특히 성공한 조직에는 과거의 성공으로부터 가장 큰 수혜를 받고 있는 기득권 집단이 있게 마련이다. 그들은 표면적으로는 새로운 사업이나 전략을 도입하면 기존 사업의 매출이나 이익이 잠식(Cannibalization)될 것을 염려하는 것처럼 얘기한다. 그러나 실제로는 변화로 인해 조직 내의 상대적인 중요도나 지위의 하락, 그리고 조직에서 받을 지원이 줄어드는 것을 가장 먼저 걱정한다. 그들이 바로 변화를 가로막는 사람들이다.

변화를 거부하고 현상에 안주하려는 사람들의 전형석인 증상이 하나 있다. 소식을 전하는 전령(Messenger)을 향해 화풀이를 하는 것이다. 과거 페르시아의 왕은 전투에서 패했다는 메시지를 전달하는 전령을 즉각 처형했다고 한다. 2차대전 때도 비슷한 일이 있었다. 1941년 6월 23일 히틀러는 160개 사단을 동원해서 소련을 공격한, 소위 바바로사 작전을 펼쳤다. 개전 직후에 히틀러의 정보책임자인 빌헬름 카나리스 제독이 정보팀을 모스크바 주변에 공중 침투시켰다. 침투된 정보원들의 보고 가운데에는, 원래 독일이 소련의 전투 능력을 평가할 때 없었던 100개 사단이 돌연 어디서 출연했는지 모스크바 전방에 나타났다는 내용이 있었다. 이 내용을 카나리스 제독이 히틀러에게 보고했을 때 히틀러의 반응이 이랬다. "소련군 100개 사단이 모스크바 전방에 나타나면 안 돼." 히틀러가 안 된다고 해서 100개 사단이 없어지는 것도 아닌데 전쟁 상황에 대한 정보를 총책임지고 있는 카나리스 제독에게 "다시는 내 앞에 나타나지 말라."고 했다. 카나리스 제독은 나중에 히틀러 암살계획에 연루되어 처형당했다.

경제학에는 '몰입 상승(Escalating Commitment)'이라는 개념이 있다. 어떤 판단이나 의사 결정이 잘못된 것임을 알고도 이를 취소하지 못하고 계속해서 추진해 나가는 현상을 말한다. 어떤 계획을 세워서 추진하다 변동사항이 생기면 이것을 반영해 계획을 조정해

가면서 추진해야 하는데, 절대권력을 가졌거나 선입견과 자존심이 강한 사람들은 새로운 정보의 투입을 거부하는 것이다. 원래 가졌던 자기의 고정관념이 그대로 현실이라고 믿고 밀어붙이다가 자기 발에 걸려 넘어지는 것이다. 변화의 소식은 걱정과 근심, 그리고 실망과 좌절에 대한 불안감을 동반한다. 조직의 상층부로 갈수록 무의식적 차원에서 '몰입 상승'이 일어난다. 그래서 "전령을 죽이지 말라(Don't kill the messenger.)."는 말이 나온 것이다.

하급자들은 그런 사실을 잘 알기 때문에 가급적 나쁜 소식을 알리는 것을 꺼린다. 상급자가 "잘돼 가는가?"라고 물으면 "물론이죠. 걱정 마십시오."라고만 한다. 냄비 안의 개구리가 되지 않으려면 아주 구체적으로 질문해야 한다. "거래처에 다녀온 일은 잘되었나?"가 아니라 "거래처 구매 담당이 한 얘기가 무엇이었나? 할 듯 말 듯 안 한 얘기가 있는 것 같지는 않던가? 다음에 만나면 어떤 것을 더 알아볼 수 있겠나?"라고 물어야 한다. 변화에 잘 대처하고 적응하기 위해서는 무엇보다도 먼저 변화의 조짐을 알아차리는 것이 중요하다. 긍정적이든 부정적이든 바깥의 소식을 빨리 파악해서 조직에 전달하고, 특히 부정적인 가능성을 염려하고 문제를 제기하는 것을 장려해야 한다. 변화에 대한 저항과 거부가 생기는 이유는, 현상의 단기적인 편안함에 안주하려 하기 때문이다. 또 한 가지의 큰 이유는 어떤 일에 대해 이미 안다고 생각하고 의문을 제기하거나 더 자세히 알아보려는 노력을 하지 않기 때문이다.

　　　　　　　　암세포는 자기가 만들어 낸 변화나 신호를, 스스로 증식과 성장의 지시로 되먹임해서 받아들인다고 한다. 또 성장을 억제하는 신호에 대해서는 비정상적으로 둔감하기 때문에 끊임없이 세포분열을 하게 된다. 그러면서 정상 조직에 영양을 공급해야 할 혈관을 자기 쪽으로 슬쩍 돌려놓기도 하고, 다른 조직으로 침투해서 그곳에 정착하는 비상한 능력을 발휘하기도 한다. 변화하는 대신, 동일체의 반복적 확장을 끊임없이 꾀하는 것이다. 결국 전체와의 조화를 이루지 못하기 때문에 전체에 대한 파괴자의 역할을 하고, 자신도 결국은 죽고 만다.

　사람과 기업에도 이와 흡사한 경우가 있다. 끊임없이 자기합리화를 하고, 남들의 비판에는 귀를 막고, 언제 어디서나 슬쩍슬쩍 끼어들어 남들이 뭐라고 하건 자기 이익만 챙기고 자기 주장만 항상 똑같이 반복한다. 권력을 잡으면 자기 사람만 쓰고, 한 번 잡은 권력은 영원히 놓지 않으려고 한다. 이들은 전체에 앞서 자기를 내세우고, 흐름과 변화를 받아들이지 못하고 고집을 부리며, 무한확장과 영구존속을 꾀하다가 결국은 전체를 힘들게 하고 자기 스스로도 파멸하고 만다. 우리는 그들을 '암적 존재'라고 부른다.

　변화를 거부하는 것은 '암적 존재'가 되는 것이다. 변화가 아무리

고통스럽고 불편하더라도 암적 존재가 되어 제거되지 않으려면, 그 변화를 받아들여야 하고, 먼저 변화해야 하고, 변화를 이끌어야 한다.

공허한 속물주의
후 작 과   후 작   친 구

알랭 드 보통(Alain de Botton)의 책 《불안(Status Anxiety)》에는 마르셀 프루스트(Marcel Proust)의 길고 난해하기로 소문난 소설《잃어버린 시간을 찾아서(A la recherche du temps perdu)》속의 한 대목이 소개되어 있다.

후작 작위를 가진 친구와 저녁 식사 약속을 한 평범한 신분의 주인공이 아주 비싼 식당에 일찍 도착했다. 주인공의 익숙하지 않은 이름과 평범한 차림새를 보고 식당 직원들은 별 볼 일 없는 손님으로 생각한다. 그들은 주인공에게 선심을 쓰는 체하며 찬 바람이 부는 바깥쪽 탁자로 안내하고, 본체만체하다가 마실 것도 느릿느릿 가져다준다. 아주 홀대한 것이다. 잠시 후 친구인 후작이 도착하고 주인공이 그의 친구라는 사실이 드러나자 순식간에 식당 직원들의 태도가 돌변한다. 지배인이 그의 앞에서 고개를 깊이 숙여 인사하고, 메뉴판을 펼치더니 화려한 동작을 섞어 가며 특별요리를 읊어 대고, 주인공의 소박한 옷차림을 아무나 따라할 수 없는 세련된 취향이라는 식으로 칭찬한다. 더구나 이런 예우가 귀족의 친구이기 때문에 나오는 것이라는 생각을 원천 봉쇄 하려는 듯, 가끔 미소를 지어 보이며 호감을 드러낸다. 주인공이 빵을 좀 달라고 하자 지배인은 발뒤꿈치를 딱 소리가 나게 부딪치며 소리친다. "알겠습니다, 남작님!" 이때 주인공은 처량한 목소리로 말한다. "나는 남작이 아닌데요." 그러자 지배인은 한술 더 떠서 "오, 죄송합니다. 백작님!" 이라고 한다. 주인공은 씁쓸해하며 더 이상 이의를 제기하는 것을 포기한다.

속물주의는 '돈이나 지위, 세속적인 권력을 중시하고, 당장의 이익에만 관심을 갖는 생각이나 태도'를 경멸을 섞어 비아냥거릴 때 쓰는 말이다. 사람이나 일의 진정한 가치를 찾고 인정하기보다는, 겉으로 드러난 단편적이고 세속적인 가치 기준에 따라 서열을 매기고 그 서열에 따라 대하는 태도를 달리하는 것이다.

'속물주의(Snobbery)'의 영어 어원은 이렇다. 1820년대 영국의 옥스퍼드와 케임브리지의 여러 내학에서 응시자 명단을 쓸 때 일반 학생을 귀족 자제와 구별하기 위해 이름 옆에 '작위가 없다(sine nobilitate)'는 말을 줄여서 's. nob'이라고 써 놓던 관례가 있었다고 한다. 여기서 속물, 즉 '스놉(snob)'이라는 말이 유래되었다. 여기서 알 수 있다시피, 이 용어는 처음에는 높은 지위를 갖지 못한 사람을 가리켰으나, 곧 뜻이 바뀌어 상대방에게 높은 지위가 없으면 불쾌해하는 사람을 가리키게 된 것이다. 어떤 사람을 속물이라고 말할 때는 경멸의 의미가 들어 있다. 즉, 지위 등의 이유로 사람을 차별하거나, 사회적, 문화적으로 하나의 가치 척도를 지나치게 떠받들어서 편견을 드러내는 것, 또는 그런 사람을 가리킨다. 단순히 가치중립적으로 지칭하는 것이 아니라 조롱하는 뜻을 담아 '속물 또는 속물주의'라고 한다.

기업 경영의 현장에서도 속물주의를 자주 목격할 수 있다. 가장 대표적인 것이 신입사원을 뽑을 때, 출신 학교를 보고 지원자의 잠재능력을 평가하는 것이다. 소위 SKY 출신의 졸업자가 아니면 아예 뽑지 않거나, 10대 대학의 서열을 매긴다거나, in-서울과 非-서울을 가르는 식이다. 사실 우리 사회는 학생들 자신부터 대학, 기업까지 모두가 대학 서열 놀이에 빠져 있다. 어느 대학에 입학하느냐가 평생을 두고 한 사람의 운명에 영향을 미치고, 출신 대학을 각각의 범주로 묶어 그 사람의 신분을 결정하다시피 한다.

그러나 실제로 기업에서 사원들을 뽑아 일을 시키고 성장하는 과정을 지켜보면, 일을 처리하는 능력과 기업조직에의 적응 능력이 출신 대학과 갖는 상관관계는 생각보다 크지 않다는 것을 알 수 있다. 약간의 상관관계가 있다면 그것마저 대개는 선후배 사이의 연줄에 의해 밀어주고 끌어주는 것 때문이다. 끼리끼리와 연줄 문화를 아예 없앨 수 있다면, 능력과 출신 대학은 거의 상관관계가 없을 것이다. 그럼에도 불구하고 서열이 더 높은 대학을 나온 사람이 당연히 더 능력이 뛰어난 인재일 것으로 생각하고, 그들에게 기업들은 더 많은 취업 기회를 부여한다. 졸업생들의 취업이 잘 되는 대학은 또다시 서열이 높게 매겨진다. 이런 과정을 거치다 보면, 한번 사람들의 뇌리에 인식된 대학의 서열은 쉽게 변하지 않는다.

학생들은 자기 적성이나 소질, 소망에 관계없이, 서열이 높은 대학에 가기 위해 수험성적의 서열을 끌어올리는 것만을 과제로 생각하고, 거기에 필요한 공부에만 열중한다. 비판적 사고와 꾸준한 인내심, 커뮤니케이션과 네트워킹 능력 등 정작 기업에서 일하기 위해 필요한 능력은 개발할 틈도 없고, 아무도 그것들의 중요성에 대해 진지하게 가르쳐주지도 않는다. 대학에 가서도 마찬가지다. 그러다 보니 정작 기업은 자신들이 채용한 일류대학의 졸업생들에게 실망하거나, 학교 교육을 통해 이미 갖춰야 할 자질들을 기업에서 교육시키느라 많은 비용을 들이게 된다. 한 바퀴 고리처럼 되먹

임되어 결국 신입사원을 뽑는 기업 자신들이 손해를 보는 것이다. 기업들만의 책임으로 몰아붙이기는 어렵지만, 어쨌든 기업들이 신입사원들로부터 기대하는 능력에 초점을 맞추고, 출신 대학에 관계없이 채용한다면, 기업 자신들의 손해를 크게 줄일 수 있을 뿐 아니라 사회 전체의 비효율을 줄이는 데도 큰 도움이 될 것이다.

또 다른 문제는 기업이 고객이나 가치사슬(Value Chain)상의 파트너, 즉 협력업체들을 대하는 태도다. 마르셀 프루스트의 소설에 나오는 식당 종업원의 태도에서 아주 전형적인 예를 볼 수 있듯이, 백화점이나 호텔과 같은 서비스 현장에서 고객의 옷차림과 타고 온 차량의 종류는 종업원의 태도에 알게 모르게 영향을 미친다. 속한 조직의 성과보다 자신들이 받을 팁이나 영업수수료에 신경을 써야 하는 종업원들의 입장을 생각하면, 이해가 가지 않는 것도 아니다. 매출을 올리고자 하는 기업 입장에서도 잠재적으로 더 많은 돈을 쓸 것으로 보이는 고객을 판별해 내는 일은 중요할 것이다.

그런데 기업의 성과는 단순히 더 많은 매출을 올리는 것만이 아니다. 영업이익은 매출만 오르면 무조건 따라 올라가는 것이 아니다. 고객에게 전달하고 고객이 기꺼이 인정하여 대가를 지불한 부가가치도 중요하다. 또 과거의 성과만이 아니라 고객과의 관계와 기업의 명성을 통해 미래에 실현시킬 수 있는 잠재적 가치까지 포함해 기업의 성과기준을 생각할 수도 있다. 손님의 외양을 통해 판단한 우선순위에서 높은 위치를 점하지 못한 고객들은 단순히 불쾌해하면서 떠나기만 하지 않는다. 인터넷과 SNS 등을 통해 자신의 불쾌한 경험을 퍼뜨리고, 기업의 명성을 심각하게 훼손할 수도 있다. 이 모든 잠재적 변수를 포함해서 생각하면, 손님의 외양과 기업이 거두는 성과 사이의 상관관계는 생각보다 그다지 크지 않을 것이다.

기업 내에서 더욱 심각한 속물주의의 양상은 의사 결정 구조와 방법에서 나타난다. 발언권이 조직에서의 위계에 따라 정해지는 것이다. 조직 구조상 아래에 위치한 다양한 구성원들의 의견이나 전문부서가 아닌 관련 부서 혹은 스탭의 의견은 무시되거나 조직의 상층부에 제대로 전달되지 않는 경우가 많다. 의사 결정의 내용이 복잡하지 않고 기업을 둘러싼 환경이 매우 정태적이어서, 조직의 리더와 기능상의 전문부서가 해당 사안을 둘러싼 모든 영향요인을 잘 파악하고 있다면, 위계적인 구조에 의해 보다 신속하고 효율적으로 의사 결정을 할 수 있다.

그런데 문제는 최근 기업을 둘러싼 환경이, 변화가 극심하고, 외부 영향요인은 복잡하기 이를 데 없으며, 어느 한 사람 또는 한 조직이 이 모든 것을 완벽하게 파악하기 어렵게 되어 있다는 것이다.

이럴 때 조직의 리더가 해야 할 일은 소수, 특히 조직 상층부의 정보와 의견에 전적으로 의존하는 것이 아니라 방향성을 잃지 않으면서 다양한 정보와 의견을 이끌어 내는 것이다. 서열을 매기고 취사선택하는 것이 아니라 정보들을 연결하고 정확한 의미를 파악하며, 아이디어들을 때로는 경합시키고 때로는 상호작용하게 하여 더 나은 아이디어를 계속 발전시키는 것이다. 그런데 현실에서는 조직 내의 서열을, 정보나 의견의 질(質) 또는 중요도와 연결하는 경우가 대부분이다. 이는 분명 속물주의의 한 행태이다. 이런 속물주의는 의사 결정의 정확성과 효과성을 저해하며, 결국 기업의 경쟁력을 해치게 된다.

지금까지 든 예에서, 출신 학교와 사원의 우수성, 협력업체의 규모와 전략적 중요성, 조직구성원의 위치와 의사 결정에서의 역할이 전혀 관계가 없다고 주장하는 것은 아니다. 회사 이윤의 중요성을 간과하고자 하는 것도 아니다. 문제는 궁극적으로 기업이 목표하는 것을 위해 고려해야 할 변수는 매우 다양하며, 그것들은 겉으로 쉽게 모습을 드러내거나 쉽게 파악할 수 없는 경우가 많다는 것이다. 그런데 한두 가지의 외부로 쉽게 드러나는 변수에 전적으로 의존해서 모든 것을 판단하고, 성급하게 의사 결정을 하는 행태는 속물주의와 다를 바 없다는 점을 말한 것이다. 기업들이 가치를 창출하고 성과를 내기 위해서는 매우 효율적으로 움직여야 하고, 의사 결정은 가급석 신속해야 한다. 그렇다고 속물주의적으로 되어야 한다는 얘기는 아니다. 지나친 단순화, 특히 선입견과 일반화에 근거한 단순화는 정확한 현실 인식을 어렵게 하고 다양성을 갖추는 데 악영향을 끼친다.

일류학교 출신들로만 신입사원을 선발하면 조직문화가 지나치게 경쟁적이 되거나 기대에 부응하는 경력을 개발하는 데 한계가 있기 때문에, 구성원들 사이의 갈등이 높아지고 만족도가 떨어진다. 고객의 필요를 만족시키기보다 고객을 꾀어 단기간에 이익을 내려는 태도는 금세 들통나며, 가치사슬상의 협력업체를 쥐어짜기만 하는 것은 기업을 둘러싼 생태계를 건강하지 못하게 만들기 때문에 곧 취약성을 드러낸다.

최근 '갑(甲)질'이라는 용어가 자주 오르내리고, '동반성장'이라는 화두가 매우 중요하게 다루어지는 것이 바로 그런 이유에서다. 이처럼 기업에서 다양한 형태로 나타나는 속물주의는 기업의 경쟁력을 해치고 장기적으로 건강하게 생존할 수 없게 만든다. 그러므로 경영자는 어떤 속물주의적인 성격이 조직문화에 배어 있는지 잘 살펴보고, 그것을 없애기 위해 차근차근 노력해야 한다.

리버스 멘토링

공자와 뽕잎 따는 아낙

'불치하문(不恥下問)'이라는 말이 있다. 중국 춘추시대 위나라에 공어(孔圉)라는 사람이 있었는데, 문(文)이라는 시호를 얻어서 나중에 사람들이 그를 공문자(孔文子)라고 불렀다. '문(文)'은 가장 훌륭한 인물에게 부여되는 최상급 시호였는데, 그렇게 훌륭하다고 보기에는 이해하기 어려운 점이 있었던 모양이다. 어느 날 제자 자공(子貢)이 스승인 공자에게 그에 대해 물었다. 공자는 "그는 머리가 명민하면서도 배우는 것을 좋아하여 아랫사람에게 묻는 것도 부끄러워하지 않았다. 이 때문에 문(文)이라고 한 것이다(敏而好學 不恥下問 是以謂之文也)."라고 대답했다. '불치하문'은 여기서 나온 말이다. 무릇 배우고자 하는 사람은 나이나 신분, 지위의 높고 낮음을 가리지 않고, 자신보다 못한 사람에게 두 묻는 것을 부끄러워하지 말아야 하며, 하문을 하는 사람에게는 이것이야말로 가장 기본적이고 훌륭한 자세라는 것이다.

또 '공자천주(孔子穿珠)'라는 말이 있는데, 이는 '공자께서 불치하문의 자세를 스스로 실천했음'을 보여준다. 공자가 어떤 사람에게서 진귀한 구슬을 하나 얻었는데, 그 구슬의 구멍에는 아홉 번이나 돌아가는 굽이가 있어서 도저히 실을 꿸 수가 없었다. 이런저런 방법을 다 동원하고도 실패한 공자는 길옆에서 뽕잎을 따고 있는 아낙을 떠올리고는 아낙들이 바느질을 잘하니 그 방법을 알지 않을까 생각하여 물었다. 아낙은 꿀과 개미를 이용해보라고 방법을 가르쳐주었다. 아낙의 말을 듣고 공자는 구멍 한쪽에 꿀을 묻혀 놓고 허리에 실을 묶은 개미를 다른 구멍으로 넣으니 개미는 꿀을 찾아 구멍을 타고 나가서 실을 꿸 수 있었다. 무엇인가를 배우는 데 있어 나이나 신분, 학문의 높고 낮음은 고려할 일이 아니다. 당대의 지식인인 공자도 모르는 것의 답을 찾으려고 신분이 낮고 배움이 적은 아낙에게 거리낌 없이 물었던 것이다.

이 불치하문의 자세를 현대적인 경영의 기법으로 발전시킨 것이 '리버스 멘토링(Reverse Mentoring, 역멘토링)'이다. 멘토링(Mentoring)은, 호메로스의 《오디세이아(Odysseia)》에 나오는 인물인 멘토(Mentor)에서 나온 말이다. 고대 그리스 이타카 왕국의 오디세우스

왕이 트로이전쟁에 출전하면서, 아직 나이가 어린 아들 텔레마쿠스의 교육을 자신이 가장 믿는 친구인 멘토에게 맡겼다. 오디세우스가 전쟁과 온갖 고난을 치르면서 20년 만에 이타카로 돌아올 동안, 멘토는 스승이자 아버지, 때로는 상담자이자 친구로서 자신의 모든 것을 전수하여 텔레마쿠스 왕자를 지혜롭고 현명한 왕으로 성장시켰다. 이후 멘토라는 이름은 '지혜와 신뢰로 한 사람의 인생을 이끌어주는 지도자'라는 의미로 사용되었다. 즉, 멘토는 현명하고 신뢰할 수 있는 상담 상대, 지도자, 스승, 선생의 의미로 쓰이며, 그 상대방인 도움을 받는 사람을 가리켜 멘티(Mentee)라고 한다. 현대적인 의미에서 멘토링은, '멘토와 멘티가 합의된 목표하에 상호 인격을 존중하며, 일정기간 멘티의 잠재능력을 개발하여 훌륭한 인재로 육성하는 체계적인 활동'을 말한다.

한편, 제너럴 일렉트릭(GE)의 전설적인 CEO 잭 웰치(Jack Welch) 회장은, 고위간부들로 하여금 인터넷 등 당시 신기술에 대해 부하직원들로부터 1대 1로 배우도록 했고, 자신도 이를 실천했다. 기존 멘토링 제도의 멘토와 멘티의 역할을 뒤바꾼 것인데, 그것이 '리버스 멘토링'의 시초였다. 상사가 자신보다 아랫사람인 일반사원들과 1대 1 관계를 맺고, 새로운 지식이나 기술, 아이디어를 획득해서 젊은 소비자들이 원하는 제품을 만들 수 있다는 취지의 학습 방법으로 시작된 것이다.

리버스 멘토링을 잘 활용하는 대표적인 기업으로 구찌(GUCCI)를 들 수 있다. 잘나가던 명품브랜드 회사 구찌는, 1980년대 초부터 2000년대 초까지 태어난 소위 '밀레니얼세대'로부터 크게 환영받지 못했다. 이들은 기존 소비자들과는 달리 가볍고, 남들과 다른 개성 있는 패션에 열광하면서, 무겁고 사치스러운 이미지의 구찌를 외면한 것이다. 글로벌 금융위기 이후 다시 성장하던 구찌의 2014년 매출은, 전년 대비 2퍼센트가 하락하면서 위기를 맞았다. 이때 특단의 대책으로 도입된 해결책이 리버스 멘토링이었다. 당시 CEO인 마르코 비자리는 임원회의가 끝나면 30세 이하의 젊은 직원들과 같은 안건에 대해 다시 회의를 하는 등, 이들의 생각과 최신 트렌드를 배우려고 노력했다. 이를 '그림자 위원회'라고 불렀다. 임원들과 했던 아이디어와 젊은 직원들의 아이디어를 조합하고 절충해서 적극적으로 새로운 통찰을 얻었던 것이다. '모피 사용 일체 금지', 여행 앱 '구찌 플레이스' 론칭, '스트릿한 디자인' 등, 구찌의 매출을 이끈 대부분의 아이디어는 밀레니얼세대가 추구하는 것들로서 젊은 직원들에게서 듣고 배운 것이었다. 그 결과 2017년에 매출 성장률 49퍼센트를 달성했다.

최근 국내외에서 리버스 멘토링이 활성화되고 있는데, MZ세대와 소통할 수 있는 방법 중 하나라는 인식이 커졌기 때문이다. 기성세대와 MZ세대는 가치관이나 생활방식이 다르다. MZ세대는 기성세대의 상명하복 문화나 경험담 이야기, 아재 개그 등을 '꼰대'라고 폄하하고, "Latte is horse~(나 때는 말이야~)."라며 비웃는다. 반면 기성세대는 MZ세대의 워라밸(워크 앤 라이프 밸런스) 추구와 자유분방함을 개인주의라고 비판한다. 이는 세대 간의 반목과 갈등으로 이어질 수 있다. 리버스 멘토링은 이 문제를 해결할 수 있는 한 방법이다.

기업 입장에서는 주요 소비자인 젊은 세대를 알아야 시장에서 경쟁력을 키울 수 있다. 더구나 MZ세대는 조만간 각 조직의 주역이 될 터이다. 예를 들어 보안업체 ADT캡스에서는 'My boss is taxi driver'라는 프로그램을 운영한다. 말 그대로 상사가 후배나 부하의 택시기사 노릇을 하는 것인데, 출퇴근할 때 차가 없는 젊은 세대들을 자가용에 동승시켜 데려다주는 동안, 1대 1로 대화하는 시간을 많이 갖는 것이다. 후배는 택시비 대신 선배에게 본인의 생각이나 최신 트렌드를 알려준다. 그 과정에서 선배는 자신이 미처 알지 못했던 젊은 생각과 아이디어를 얻을 수 있다.

정부 부처 가운데에서도 리버스 멘토링이 늘어나고 있는데, 인사혁신처가 중앙부처 중에서 처음으로 도입했다. 간부들이 정기적으로 MZ세대 공무원과 소통하면서 과거와 다른 야근이나 회식 문화, 자유로운 휴가 사용 분위기, 편한 출근 옷차림, 회의 및 보고 시스템의 변화 필요성 등, MZ세대의 달라진 인식을 공감하는 데 도움이 된다고 한다.

일반적으로 리버스 멘토링은 첫째, 최신 시장의 트렌드에 대한 대응력 강화, 둘째, 세대 간 정보 격차 감소, 셋째, 수직적 조직문화를 수평적으로 개선, 넷째, 다양성을 존중하는 문화 형성, 다섯째, 조직구성원 간의 유대감을 증가시키는 등의 효과를 가져온다고 알려져 있다. 무엇보다도 경영진이, 새롭게 등장하는 기술과 지식, 그리고 외부의 신선한 아이디어를 학습할 수 있는 수단이 된다. 한 조직이나 분야에 오랜 기간 동안 몸담아 생각의 폭이 좁아지거나 타성에 빠진 경영진들이, 스스로 외부의 급격한 환경변화나 익숙지 않은 신기술을 탐색하고 받아들이기는 어렵다. 이때 젊은 세대들이 새로운 지식과 정보를 전달하는 단순한 교사로서가 아니라, 신선한 자극과 활력을 동시에 제공하는 훌륭한 멘토가 될 수 있다.

또 기업 마케팅의 관점에서도 리버스 멘토링은 중요한 의의가 있다. 사실 세대의 변화에 따른 기호와 관심사의 변화는, 마케팅에서 놓칠 수 없는 중요한 주제다. 특히 오늘날 가장 영향력 있는 소비자집단의 하나로 떠오른 것이 바로 디지털세대인데, 그중의 다수를 차지하는 젊은 세대는 과거와 다르게 생각하고 행동하며, 디지털 기기를 활용하는 데 능숙하고, 신속한 반응을 추구하는 사람들이다. 이들은 기업에게 전에 없던 새로운 고객집단을 형성한다. 이 집단에 속한 신입사원들은 자신들과 비슷한 고객들의 기호와 니즈를 알려줄 뿐 아니라, 전체 고객들의 변화와 흐름에 대해서 기존의 직원들이 포착하지 못하는 새로운 관점을 제공해줄 수도 있다.

이 외에도 리버스 멘토링은 조직관리 차원에서 자유로운 커뮤니케이션을 활성화시켜, 일반사원들의 사기를 진작하고 업무상의 애로를 해소하는 효과도 거둘 수 있다. 사실 일반사원들은 경영진을 만나기 힘들 뿐만 아니라, 설령 만난다고 하더라도 허심탄회하게 대화하기가 어렵다. 그러나 리버스 멘토링은 경영진과 일반사원들 사이에 자연스럽고 주기적인 만남과 대화의 장(場)을 마련해준다. 이를 통해 일반사원들은 회사에 대해 갖고 있는 생각이나 개인적인 고민까지도 편한 마음으로 털어놓을 수 있다. 경영자들은 일반사원들의 업무환경을 이해하고, 어떤 것들을 중요하게 생각하는지, 어떤 부분에서 애로를 느끼는지 살펴볼 수 있다.

사실 일반사원들은 자기의 업무환경을 주어진 것으로 받아들이고 거기에 적응하려는 경향이 있는데, 대화를 나누다 보면 개선 포인트를 찾아낼 수 있는 경우가 의외로 많다. 일반사원들은 자신들의 업무를 개선할 수 있는 아이디어를 몇 개씩 가지고 있으면서도,

그것을 실현시키는 과정에서 커뮤니케이션이 복잡하고 또 기존 업무에 시간이 쫓기기 때문에 아이디어를 선뜻 꺼내지 않는 경우가 많다. 그런데 리버스 멘토링 과정에서는 자연스럽게 얘기를 꺼낼 수 있고, 그러다 보면 실행할 수 있는 추진력도 얻게 되고, 토론도 활발해지며, 더 많은 아이디어를 내려는 노력도 하게 된다.

이처럼 많은 장점을 갖고 있는 리버스 멘토링이 활발해지고 조직 내에서 성공을 거두기 위해서는, 경영진들 자신에게 학습에 대한 개방적 마인드, 즉 '불치하문'의 자세가 필요하다. 경영진들은 조직에서 필요한 지식과 경험, 가장 뛰어난 실력을 자신들이 갖고 있다고 생각한다. 더 이상 배울 것보다는 후배와 부하들에게 잘 가르치는 것이 중요하다고 여긴다. 그래서 듣는 것보다 말하는 것이 훨씬 많아진다.

그런데 조직을 둘러싼 환경은 계속해서 급변한다. 새로운 환경에 적응하기 위해서 끊임없이 조직에 변화를 가져와야 하고, 그 일은 경영진이 주도할 수밖에 없다. 변화를 주도할 수 있으려면 오랜 삶의 경험이나 많은 전문지식도 필요하겠지만, 이에 못지않게 끊임없이 배우려는 자세가 필요하다. 조직 전체적으로 직급이나 나이에 상관없이 자유로운 의견 개진이 가능해야 한다. 구성원들은 개방적인 자세를 잃지 말고, 경영진은 MZ세대의 의견에 신뢰를 보내야 한다. 그들의 목소리를 존중하고 이를 경영에 적극 반영할 것이라는 신호를 보내고, 진정성 있게 받아들여야 한다.

그런데 일부 현장에서는 리버스 멘토링을 한다면서 최신 안무의 춤이나 노래를 어설프게 따라하거나 신조어 몇 마디를 배우는 것으로 끝내려고 한다. 그들의 생각을 깊이 있게 듣고 소통하려는 노력 없이 이런 흉내 내기로 그친다면, 오히려 역효과를 부를 뿐이다. 대개는 빡빡한 인력구조와 막중한 업무 부담이라는 현실 속에서 실질적으로 이를 개선하려는 노력 없이, 기성세대에게 "젊은 세대를 이해하라."는 식으로 강요한 결과 이런 현상들이 나타난다. 그런 경우 참신한 아이디어의 발굴이나 조직문화 개선은 기대할 수 없다.

사실 배운다는 것, 즉, 학습한다는 것은 유기체가 환경에 적응하는 과정이다. 유기체가 원시적인 것일수록 반사나 본능과 같은 타고난 행동방식에 의존하여 환경에 적응하고 생존을 꾀한다. 그렇지만 고등생물은 생활환경이 더 복잡하기 때문에 타고난 행동만 가지고 적응하기에는 어려움이 있다. 특히 인간에게는 단순한 생물학적 환경뿐 아니라 사회적, 역사적, 문화적 환경이 중요한 의미를 가진다. 게다가 환경변화의 폭도 아주 크다. 그렇기 때문에 적응을 위해서 축적된 과거 경험을 수동적으로 사용하는 것뿐 아니라, 경험과 지식을 끊임없이 확장하여 변화하는 환경에 적극적, 능동적으로 적용할 필요가 있다. 그런 의미에서 끊임없이 배우고 받아들이는 자세는 인간으로서 인간다운 삶을 영위하는 데 필수적이고 기본적인 자세이다. 더구나 신분과 지위가 높아질수록 감당해야 할 책임은 커지고, 그 책임에 영향을 끼칠 변수는 더욱 많아지고 다양해진다. 즉, 배우고 받아들여야 할 것들이 더욱 많아진다는 뜻이다. 그래서 갓 사회에 진출한 신입사원에게도 배울 것은 배워야 한다.

배운다는 것은 나의 열등함을 드러내는 것이 아니라 나의 열려 있음, 끊임없이 발전할 가능성과 실제로 발전해 가겠다는 의지를 밖으로 드러내는 일이다.

일관성의 덫

겨 울 궁 전 의 경 비 병

다음 세 가지 상황에서 어떤 공통점을 찾을 수 있을까?

첫째, 고속도로 진입로를 잘못 찾아 들어 역방향으로 주행하는 차량. 둘째, 술자리에서 폭탄주를 잔이 넘칠 때까지 만들어 돌리고 인사불성이 되도록 마시는 사람. 셋째, 몸에 해로운 인공 식품첨가물 대신 천연원료를 사용한 신제품을 개발해서 대대적인 광고와 함께 시장에 출시했는데, 예기치 않게 천연원료에도 심각한 부작용이 있음을 알게 된 기업.

세 경우 모두 지금 하고 있는 일을 그대로 계속하면 큰 문제가 생길 가능성이 크다. 또 하나는 이들이 잘못을 알아차리고 고치는

데 생각보다 훨씬 시간이 오래 걸린다는 것이다. 잘못을 인식하지 못하도록 방해하는 어떤 기제가 작용하기도 하고, 잘못이라는 생각이 들어도 나쁜 점보다는 좋은 점이 더 클 것이라는 식으로 스스로 세뇌하기 때문이다. 남의 눈의 티끌은 쉽게 찾아도, 제 눈의 들보는 보지 못하는 법이다. 사람들은 보고 듣고 느끼는 모든 것을 자기가 하는 일에 맞춰 정당화하는 방향으로 해석한다. 그래서 즉각적인 위험이 닥칠 때까지, 또는 위험에 빠진 한참 후에도 제 잘못은 알아차리기 어렵다. 잘못을 알아차려도 자기 자신이 아닌 외부에서 이유를 찾고 싶고, 변명하고 싶고, 합리화하고 싶어진다. 그래서 고속도로에 거꾸로 진입한 운전자는 한참 동안 왜 남들이 차를 거꾸로 모는지 이상하게 생각하고, 폭탄주를 즐기는 사람은 알코올이 건강에 미치는 해로움보다 스트레스를 털어버리는 이로움이 훨씬 크다는 궤변을 늘어놓으며 계속 폭탄주를 돌린다. 신제품을 개발한 기업은 천연원료가 인체에 해롭더라도 인공첨가물보다는 조금이라도 더 나을 거라면서 유리한 증거를 찾고, 문제점을 덮고 가리려는 헛된 노력으로 시간을 허비한다.

왜 사람들은 잘못된 행동에 대해서조차 일관성을 유지하려고 애쓸까? 사람들은 자신들이 지금까지 행동해 온 것과 일관되게 혹은 일관되게 보이도록 행동하려는 거의 맹목적인 욕구가 있다고 한다. 일단 어떤 선택을 하거나 어떤 입장을 취하면, 사람들은 그 선택이나 입장과 일치하도록 행동해야 한다는 심리적 부담을 느낀다. 그 부담감은 전에 취한 선택이나 입장을 정당화하는 방향으로 행동하게 만든다. 사람들은 대개 우유부단하거나, 변덕이 심하거나, 기회주의적인 태도를 부정적으로 생각한다. 말을 쉽게 바꾸지 않고, 한번 선택한 것을 쉽게 버리지 않으며, 강직하고 일관된 생각과 행동을 하면, 신뢰할 수 있고 함께할 수 있는 사람으로 생각한다. 예측가능하기 때문에 남들에게 불필요한 피해를 주지 않는다고 생각한다.

이처럼 일관성은 사람들이 사회생활을 하면서 터득해 온 가치와 일반적으로 일치한다. 그런데 더욱 중요한 일관성의 기능은, 사람들로 하여금 생각을 덜 하게 해준다는 것, 즉 정신적 에너지를 절약할 수 있게 해준다는 것이다. 그런 점에서 일관성은 극단적인 생각과 일치하는 면이 있다. 최선의 선택을 하기 위해 관련된 모든 정보를 수집하고 모든 변수를 점검한다는 것은 매우 힘든 일이다. 과거에 했던 방식대로 똑같이 하는 것을 정당화시키고 나면 그런 수고를 할 필요가 없다. 다시 생각할 필요가 없다는 것은 아주 큰 유혹이다. 그것을 경고하고자 미국의 철학자 랄프 왈도 에머슨(Ralph Waldo Emerson, 1803~1882)은 "어리석은 일관성은 협소한 마음이 만들어 내는 도깨비장난이다."라고 했다. 한편, 수필가 도정일 선생은《쓰잘데없이 고귀한 것들의 목록》에서 이렇게 썼다. "필요한 변화에 대해 완고한 저항일 때, 기억은 발전을 가로막는 장애이다. 그러나 반드시 기억할 필요가 있는 것까지 망각함으로써 정신 없이 변화에 편승코자 하는 것은 경망 그 자체이다." 얼핏 서로 다른 부분에 중점을 두어 얘기하는 것 같다. 그럼 다음 얘기를 한번 같이 생각해보자.

　　　　　　　　　제정 러시아 시대, 상트페테르부르크(Saint Petersburg)에는 겨울 궁전이 있었다고 한다. 여기에 아주 아름다운 잔디밭이 있었고, 그 잔디밭 한가운데 항상 경비병 둘이 보초를 서고 있었다. 경비병은 세 시간마다 교대되었는데 왜, 무엇때문에, 경비를 서는지 아는 사람이 아무도 없었다. 어느 날 새로 젊은 장교가 부임했는데, 그는 정문 앞도 아니고 담장 옆도 아닌 잔디밭 한가운데서 경비를 서는 것이 아무래도 이상했다. 주변 사람들에게 그 이유를 물어봐도 아무도 속 시원한 답을 해주지 않았다. 물어물어 찾다 보니, 나이 많은 병사 한 명이 아주 오래전에 들은 얘기라며 전해주었다.

　200년쯤 전 어떤 여제 시절에, 잔디밭 그 자리에 아주 조그만 꽃이 한 송이 피어났는데, 산책하던 여제가 그 꽃을 보고 누군가 밟아 죽일까 걱정이 되어 꽃 주위에 경비를 서도록 명령했다는 것이다. 그후 꽃은 시들고 아무런 흔적도 남지 않았지만, 경비를 서라는 명령을 중지시킨 사람이 없어서 계속 그 명령을 이행하고 있었다는 것이다. 경비를 서는 사병들이나 그 상관인 장교들도 이유를 모른 채, 무려 200년 동안이나 이 일이 이어져 내려오다 보니 전통인지 불문율인지 아무도 건드릴 수 없게 되어버렸다.

여제의 명령이, 경비병들은 그 위치에 꼼짝없이 서 있으라는 것이었을까? 아니면 꽃을 지키라는 것이었을까? 여기서 '테세우스의 배'라는 고전철학의 유명한 화두를 떠올리게 된다. 아주 옛날 그리스의 크레타섬에는 사람을 잡아먹는 미노타우로스라는 괴물이 살았다. 아테네 사람들은 이 괴물에게 매년 열두 명의 선남선녀를 바치고 있었는데, 테세우스가 어느 날 제물로 바쳐진 사람들과 함께 배를 타고 크레타섬으로 가서 괴물을 물리치고 사람들을 구해서 돌아왔다. 아테네 사람들이 이를 매우 기뻐해서 테세우스가 타고 다녀온 배를 광장에 전시하고 그의 업적을 기렸다. 그런데 세월이 수백 년 흐르다 보니 배가 너무 낡아 오래된 판자를 바꿔 끼워야 했다. 세월이 계속 흘러 원래 배를 이루고 있던 원래의 판자는 모두 없어지고, 광장에 전시된 배는 완전히 새로운 판자로 교체되었다. 이 배는 과연 '테세우스의 배'일까?

만약 누군가가 기존의 판자를 모두 모아 다른 곳에 똑같은 배를 만들었다면 어느 쪽이 진짜 '테세우스의 배'일까? 이에 대해 영국 경험론의 태두(泰斗)인 토머스 홉스(Thomas Hobbes, 1588~1679)는 질료보다 형상의 중요성을 강조하며, 광장에 전시된 배가 '테세우스의 배'로 인정되어야 한다고 주장했다. '판자'는 '배'가 될 수 있는 가능성을 가진 존재일 뿐 배 그 자체는 아니며, 우리가 일관성을 부여하고자 하는 것은 질료인 '판자'가 아니라 형상을 갖춘 현실적인 존재로서의 '배'라는 것이다. 그렇다면 러시아 경비병들에게 있어서 잔디밭 한가운데에 서 있는 행위는 그 자체로 의미가 있는 것이 아니라, 연약한 꽃을 지킨다는 목적 또는 가치와 합쳐져야 비로소 의미가 있고 일관성을 추구할 대상이 된다. 여제의 명령을 제대로 이행하려면 꽃이 시들어 죽은 후에도 그 자리에서 계속 경비를 설 것이 아니라, 잔디밭 가운데 조그만 화단이라도 가꿔야 했을 것이다.

어떤 일은 일관성을 지킴으로써 '협소한 마음이 만들어 내는 도깨비장난'이 되는 반면, 어떤 일은 일관성을 지키지 않음으로써 '정신없이 변화에 편승코자 하는 경망'이 된다. 무슨 차이일까? 일관성은 유형적이거나 물질적인 것이 아니라, 그 안에 흐르는 가치, 정신, 또는 궁극적인 어떤 것에서 찾아야 하기 때문이다.

일관성은 좋은 것일까, 나쁜 것일까? 그 답은 이렇게 말할 수 있겠다. 일관성은 일종의 지름길이다. 그 자체로 좋은 것도 아니고, 나쁜 것도 아니다. 가고자 하는 목적지로 인도하는 지름길은 좋고, 나락으로 떨어지도록 인도하는 지름길은 나쁜 것처럼, 좋은 것의 일관성은 좋고, 나쁜 것의 일관성은 나쁘다. 또 처음에는 좋은 지름길이었다가도 나중에는 길이 끊기고 숲이 우거지는 것처럼, 처음에는 옳고 좋게 시작한 일도 시간이 흘러 여건이 변하면서 나중에는 틀리고 나빠질 수 있다. 그러므로 사고나 의사 결정 또는 행동에 있어서 아무 생각 없이 일관성을 유지하려는 본능적 충동을 가진 우리는, 그 일관성이 좋은 일관성인지 나쁜 일관성인지 계속 심사숙고해서 판별해 내야 한다. 개인들의 습관 속에서, 기업의 문화와 전통 속에서, 저항과 반대 없이 면면히 이어지는 수많은 일관성들을 점검해야 한다.

물론 본능적인 충동에 저항한다는 것이 쉬운 일은 아니다. 그것을 가능하게 하는 좋은 방법이 없을까? 일찍이 소크라테스는 "내가 아는 유일한 것은 내가 아무것도 모른다는 사실이다."라고 했다. 모른다고 여기면 비로소 생각이라는 것을 하게 된다. 당연한 것을 당연하게 여기지 않고, 묻고 따지며, 합리적이지 않은 것들을 걸러낸다. 우리 인식의 지평을 우리가 이미 알고 있는 것으로 제한하면, 의외의 혁신이나 발전은 이루어지지 않는다. 아는 만큼만 보이는 현실이 아는 것과 일치한다고 생각하기 때문에 변화가 일어나지 않는 것이다.

그뿐만이 아니다. 지식은 문제들에 대한 해결책을 만들어주지만, 불행하게도 한번 만들어진 해결책은 어지간해서 바뀌지 않는다. 심지어는 문제를 가져온 환경적인 요인들이 바뀌거나, 문제의 성격이 달라져도 똑같은 해결책이 끈덕지게 달라붙어 유일한 것으로 행세한다. 그래서 챌린저호와 같은 왕복우주선이 발사 도중에 폭발하고, 성수대교와 같은 대형 교량이 한순간에 무너져 내리며, 잘나가던 코닥(Kodak) 같은 기업이 한순간에 부도를 맞는다. "내가 해봐서 아는데……"라는 태도에서 일관성의 폐해가 싹을 틔운다.

그래서 모른다는 것을 부끄럽게 생각하지 말고 자산이자 기회로 생각하며, 겸손한 태도로 이미 알고 있다고 생각하는 것들 가운데에서도 실제로 무엇을 모르는지 적극적으로 찾아내야 한다. 상트페테르부르크에 새로 부임한 젊은 장교가 바로 그런 사람이었다. 그 장교는 아무도 문제를 제기하지 않는 일에 대해 모른다는 가정에서 출발했기 때문에, 그 이유를 여기저기 묻고 다녔다. 그 결과 잘못된 일관성의 덫에서 빠져나올 수 있었던 것이다.

잘못된 것이 아닌지 의심을 하면서도 이미 저지른 일이라는 이유로 자기합리화를 계속하기 때문에 그만두지 못하는 '몰입 상승'의 경우도 많다. 앞에 제시된 사례에서 천연원료로 신제품을 개발한 기업이 바로 그런 경우다. 그럴 때는 "지금 이 시점에 알고 있는 것을 처음부터 알았더라도 똑같은 결정을 했을까?"라는 질문을 스스로에게 던져보면 된다. "천연원료에 문제점이 있다는 것을 처음부터 알았어도 그것을 써서 신제품을 개발했을까?"라는 질문을 심사숙고해보고, '아니다'라는 결론을 얻게 되면 지금이라도 결정을 뒤집어서 과감하게 일관성의 고리를 끊어야 한다. 처음 결정한 이후에 새로 얻은 정보나 지식, 그리고 느낌의 대부분은, 그 결정을 지지하기 위해 편향되게 얻었거나 생긴 것일 가능성이 크며, 무의식적으로 그렇게 해석하려고 한다. 처음보다 판단이 냉정하지 않다는 얘기다. 그럴 때는 처음에 알지 못했던 것, 즉 도중에 알게 된 것을 처음부터 알았던 것으로 가정하고 냉정하게 들여다보면, 전혀 다른 결정을 내릴 수 있다.

정신과 의사인 친한 친구가 이런 말을 해준 적이 있다. "정신 건강을 위해 필요한 것은 두 가지다. 하나는 잘 먹고, 잘 자고, 꾸준히 운동하는 거다. 몸에 좋은 것이 정신에도 좋다. 다른 하나는 더 중요한 건데, 어떤 상황에서나 일관된 태도를 가지려고 지나치게 애쓰는 것은 힘들고 위험하다. 상황과 여건이 달라지면 그에 따라 적당한 생각과 태도의 전환이 필요하다. 물론 그렇다고 자기가 누구인지 자신도 모를 정도이거나, 스스로를 존중하지 못할 정도로 자주 그리고 쉽게 바뀌는 것은 곤란하다. 그리고 모든 문제의 해결에는 시간이 필요하다. 어느 정도 느긋할 필요가 있다." 개인으로서나 조직의 일원으로서나 꼭 새겨들을 얘기인 것 같다.

아이덴티티의 함정
어떻게 쏘는지 가르쳐준 사람

19세기에서 20세기로 넘어가던 무렵, 미국 해군에서 있었던 일이다.

해군 전함에서 실시하는 사격은 지금으로서는 상상할 수 없을 만큼 부정확했다고 한다. 어느 훈련에서는 9,500발을 쏘아 겨우 121발만이 표적에 맞았다는 기록도 있다. 그래도 미국 해군은 쿠바와 필리핀을 두고 벌어진 스페인과의 전쟁에서 막 승리를 거둔 참이어서 자부심이 하늘을 찔렀다. 사격 명중률이 낮다는 것은 해전에서 어쩔 수 없는 일로 여겨졌고, 그것 때문에 문제를 느끼는 사람은 거의 없었다.

그즈음 영국 해군의 퍼시 스콧(Percy Scott) 제독은, 휘하 병사 가운데 한 명이 소총을 지지대에 받치고 망원경을 장착한 상태에서 연속조준사격을 했을 때, 다른 병사들보다 무려 30배가 넘는 명중률을 보인다는 사실을 발견했다. 이 소식을 당시 남중국해에 배치된 순양함에 근무하던 미국 해군의 윌리엄 심스(William S. Sims, 1858~1936) 중위가 전해 들었다. 그는 이야말로 미국 해군의 전투력을 획기적으로 끌어올릴 중요한 혁신 방안이라고 확신했다. 그는 데이터를 끌어모아 보고서를 만든 다음, 워싱턴에 있는 해군본부에 보냈다. 결과는 완벽한 침묵이었다. 심스 중위는 좌절하지 않고 더 많은 데이터를 모으고 보고서를 보완해서 다시 해군본부에 보냈다. 여전히 아무런 답이 없었다. 심스 중위는 여기서 그치지 않고 보고서를 동료 장교들과 사령관들에게 두루 보냈다.

말이 많아지자 해군본부는 실험을 통해서 심스 중위의 제안을 검증하기로 했다. 결과는 연속조준사격은 불가능하거나 기존의 명중률을 개선시키지 못한다는 것이었다. 문제는 그 실험이 출렁거리는 함정 위가 아니라 맨땅에서 실시되었으며, 심스 중위가 제안한 장치를 제대로 사용하지도 않은 채 진행되었다는 점이다. 그래도 심스 중위의 끈기는 바닥을 드러내지 않았다. 해군본부의 관료주의와 현장을 소홀히 하는 태도에 분개한 그는, 정리한 아이디어와 그동안의 경과를 백악관에 보냈다.

당시 미국 대통령은 시어도어 루스벨트(Theodore Roosevelt, Jr.,

1858~1919)였는데, 그는 전에 해군 장관을 역임한 적이 있었으며 《1812년의 해전(The Naval War of 1812)》이라는 책까지 서술한 전문 가였다. 정치인의 시각에서 해군본부의 문제점을 숱하게 느꼈지 만, 그것들을 미처 해결할 수 없었던 루스벨트 대통령은, 심스 중 위의 보고서를 금방 이해했다. 그는 심스 중위를 '연속조준사격을 위한 장치 개발과 명중률 개선을 위한 프로젝트'의 책임자로 임명 했다. 약 6년 동안 그 자리에서 일한 심스는 나중에 미국 해군으로 부터 "우리에게 어떻게 쏘는지 가르쳐준 사람(the man who taught us how to shoot)"이라는 칭호를 얻게 되었고, 나중에 해군대학 총장으 로 일하게 된다. 그가 개발한 연속조준사격 장치는 미국 해군 병참 역사상 가장 위대한 혁신으로 받아들여졌다.

심스 중위의 사례에서 우리는 여러 가지 교훈을 얻을 수 있다. 그의 혁신은 퍼시 스콧 제독에 대한 모방에서 비롯되었으며, 편견 과 무시에 좌절하지 않은 그의 끈기는 감동적이라 할 수 있다. 루 스벨트 대통령의 리더십도 아주 뛰어났다. 그런데 무엇보다도 우 리가 놓치지 말아야 할 것은, 왜 처음에 해군본부가 심스 중위의 제안을 묵살하고 거들떠보지도 않았느냐는 점이다. 혁신과 발전을 저해하는 개인적, 조직적 문제점의 대부분이 바로 여기에 숨어 있 다. 심스 중위는 본부에서 7,500킬로미터나 떨어진 남중국해의 함 상에서 일하는 하급장교였다. 해군 병기의 개선을 책임지는 곳은

본부의 병참국이었으며, 그곳에서는 이미 증기터빈과 전기동력 사용과 같은 규모가 큰 혁신이 진행 중이었다. 그리고 충성심과 복종은 해군의 중요한 덕목이자 위대한 전통이었다.

미국 해군본부의 입장에서 볼 때, 해군의 전투력을 결정하는 가장 중요한 핵심은 함장들의 항해 기술과 지휘 능력이었다. 함장들이야말로 해군 전력의 본질이라고 생각한 것이다. 그 핵심과 본질을 훼손하고 위협하는 것은 어떤 것이라도 받아들이기 어려웠다. 기술적인 변화와 혁신은 해군의 핵심과 본질이 유지되는 범위 내에서만 받아들일 수 있었다. 병사들의 사격 능력은 훈련에 의해서만 끌어올릴 수 있는데, 쓸데없이 이상한 장치를 만들어주면 병사들이 훈련을 게을리하지 않을까, 함장들의 능력에 대해 존경과 충성심이 없어지지 않을까 하는 걱정이 먼저 생겼던 것이다.

사실 어느 집단에서나 관료주의나 위계질서가 있게 마련이다. 특히 자부심이 강하고 '아이덴티티(Identity, 정체성 또는 자기동일성)'가 제대로 확립된 집단일수록 빠른 보고체계와 상명하복, 그리고 전통과 상징을 중시하는 등의 특징을 갖고 있다. 기강이 부족한 조직과 비교하면 이런 특징들은 꼭 필요한 것 같다. 개인에게 있어서와 마찬가지로 집단에게 있어서도 이런 특징들은 그 자체로 좋다, 나쁘다 판단할 수 없다. 그런 특징들이 제대로 기능하면 좋은 것이고, 변화하는 환경 앞에서 제대로 기능하지 않으면 나쁜 것이다.

심스 중위는 연속조준사격 장치를 끊임없이 개량해 나가는 한편, 그것들이 미국 해군 안에 자연스럽게 받아들여질 수 있도록 함정들끼리 사격대회를 개최했다. 그가 개발한 장치를 사용하도록 강제하는 대신 정보를 제공하고, 장치의 사용과 함장들의 항해 지휘가 조화를 이루는 길을 스스로 찾도록 했다. 그의 장치를 사용한 함정들이 기존 방법을 고수한 함정들에 비해 훨씬 나은 결과를 냈고, 그 결과는 미국 해군 내에 자연스럽게 스며들었다. 새로운 장치는 함장들의 지휘 능력을 훼손하지 않았고, 병사들이 훈련을 게을리하지도 않았으며, 충성심이 흐려지지도 않았다. 그래서 그의 혁신은 미국 해군의 표준장비로 정착될 수 있었다.

만약 미국 해군이 함상 전투에서의 적중률보다 단지 병사들이 훈련장에서 사격을 잘하는 것만 중요하게 여겼다면, 해군본부, 함장들, 그리고 병사들의 저항이 훨씬 심했을 것이다. 심스 중위가 자신이 개발한 장치를 사용하도록 강압적인 지시를 계속 내려보냈어도 마찬가지였을 것이다. 어떻게든 기존의 방식으로 사격하는 편이 그가 개발한 장치를 사용할 때보다 더 나은 결과가 나오도록 온갖 강압과 공모와 조작이 이루어졌을지도 모른다. 적어도 그의 혁신이 미국 해군 안에 완전히 자리를 잡기까지는 훨씬 많은 시간이 걸렸을 것이다.

생활용품을 만드는 글로벌기업으로 유명한 프록터앤갬블(Procter & Gamble, P&G)에서 170년 역사상 최초로 CEO가 해고를 당할 만큼 어려운 상황이 있었다. 이때 제대로 준비도 갖추지 못한 래플리(A.G. Lafley)가 급작스럽게 신임 CEO의 자리에 올랐다. 회사 내에는 R&D(연구개발)에 집중 투자하는 것 외에 달리 방법이 없다고 생각한 전임 CEO 지지그룹과 마케팅과, 브랜드 구축에 더 집중해야 한다고 생각하는 반대그룹이 공공연하게 충돌을 일으키는 혼란스러운 상황이었다. 래플리는 혁신과 비용 절감 가운데 하나를 선택하는 대신, 그 둘을 조화시키기로 했다. 회사 밖의 개인 발명가나 학계, 중소기업의 발명 능력을 P&G의 제조, 마케팅, 유통 능력과 연결하면 승산이 있다고 보고, 제품 혁신의 50퍼센트를 아웃소싱(Outsorcing)으로 해결한다는 목표를 수립했다. 여기까지는 잘 알려진 사실이다. 그런데 중요한 것은 그 다음 이야기다.

자신들이 혁신의 원동력이자 핵심이라는 자부심으로 가득 찬 R&D 구성원들은 R&D를 아웃소싱한다는 것은 혁신을 포기하고 P&G의 본질과 아이덴티티를 훼손하는 것이라고 생각했다. 이때 래플리는 자신의 계획을 막무가내로 밀어붙이는 대신 '자랑스럽게 다른 데서 찾는다(Proudly found elsewhere)'라는 캐치프레이즈를 내걸었다. P&G가 혁신을 위한 활동에서 손을 떼는 것이 아니라, 더욱 빨리, 더욱 효율적으로 혁신을 이루기 위해 노력한다는 점을 설득했다. 그리고 소비지들의 요구사항을 찾고, 해결할 아이디어를 전 세계 연구자들에게서 찾아내기 위한 선두에 P&G의 내부연구자들이 나서줄 것을 요구했다. R&D 조직의 고집과 자부심을 꺾지 않았으며, 구조조정의 대상으로 삼지도 않았다. 오히려 축적된 연구개발 능력을 기반으로 적극적인 역할을 해 달라고 주문한 것이다. P&G는 그 과정에서 내부 R&D 인력을 감축하지 않았으며, 자체 개발 역량을 튼튼히 유지하기 위한 노력을 계속 이어 나갔다.

결과는 훌륭했다. R&D의 생산성은 60퍼센트 이상 증가했고, 혁신 성공률은 두 배 이상 증가했지만, 매출에 대한 R&D 지출의 비중은 획기적으로 감소했다. 그 결과 주가는 2배 이상 뛰었고, 브랜드 가치는 엄청나게 증가했다. 래플리가 C&D(Connect & Development)를 처음 시작했을 때, 반발하는 내부구성원에 실망한 나머지 그들을 무시하거나 대량 해고를 해버렸다면 결과가 어떻게 되었을까? 또는 오픈이노베이션의 아이디어는 있었지만, 시장의 요구와 기술을 접목시킬 줄 아는 강한 R&D 조직이 애초부터 존재하지 않았다면 어떤 결과가 나왔을까?

이와 비슷한 이야기는 도처에 널려 있다. 기업경영에서 HR, 마케팅 등의 기능도 종업원 관리에서 행복 추구로, 판매에서 고객 가치로 그 지향점이 바뀌고 있다. 그때마다 본질의 변화가 아니라 단지 외양의 변화로 시늉만 하려는 태도들이 나타난다. 컴퓨터, PC, 인터넷, 모바일 등의 새로운 기술과 일하는 방식이 도입될 때도 마찬가지다. 훨씬 효율적이고 혁신적인 기술이 도입되면 예전의 방식에 익숙하고 그 방식을 통해 성공한 상급자와 리더들은 새로운 방식을 하찮은 것으로 생각하고 폄하한다. 이때 주로 쓰는 말이 "우리는 그런 식으로 일하지 않아."라거나, "그런 건 외주를 주거나 아랫사람들이 하면 되고, 우리가 하는 일은 따로 있어."다. 최근 사무실에서는 다양한 영역에서 AI 시스템을 통한 분석 방법(HR Analytics, 마케팅 Analytics, SHE Analytics 등)이 도입되고 있고, 생산 현장에서는 로봇을 통한 자동화가 진행되고 있다. 또 사무직들에게는 재택근무가 보편화되고 있다. 그 모든 현장에서 들을 수 있는 얘기들이다. "우리는 그렇게 하지 않아."

　　　　　　　　원래 심리학에서 사용되는 용어인 아이덴티티는 한 개인이 타인과 구별되는 어떤 고유한 의미를 갖는 존재인지 아닌지를 다룰 때 기초가 되는 개념이다. 개인에게 있어서 아이덴티티는 주로 세 가지 형태로 나타난다. 역할, 소속, 표지(표식)가 그것들인데, '나는 학생들을 가르치는 사람'이라거나, '나는 한국 사람, 또는 어느 기업이나 정당에 속한 사람'이라는 인식, 그리고 그것들을 나타내는 복장이나 상징 같은 것들이 중요한 역할을 한다. 집단이나 조직에서도 아이덴티티는 사명이나 역할에 대한 뚜렷한 인식의 형대로 나타나기도 하고, 비본질적이고 외형적인 것에 대한 집착이 되기도 한다.

미국 해군과 P&G의 예에서 본 것처럼 전통과 연결된 강한 아이덴티티는 그 자체로 좋은 것도 아니고, 나쁜 것도 아니다. 어느 조직에나 자연스럽게 존재하는 것일 뿐이다. 그런데 그것은 빠른 변화와 혁신이 요구되는 때에 저항하는 힘이나 덫으로 작용할 수도 있다. 그렇다고 해서 조직에 필요해서 생겼고 쉽게 바뀌지 않는 아이덴티티를 단지 장애물로 간주해서는 안 된다. 그 순간 정말로 장애물이 되어버린다. 바꿀 필요가 있으면 바꿔야 하지만, 그때도 최대한 존중하면서 조심스럽게 천천히 바꿔야 한다. 비본질적이고 외형적인 것에 대한 집착으로부터 빠져나와서, 사명이나 역할에 대한 올바른 인식의 형태로 나타나도록 해야 한다. 그럴 때 아이덴티티는 변화와 혁신의 속도를 빠르게 하고, 결과를 튼튼하게 만들며, 오랫동안 지속될 수 있게 하는 촉매가 될 수 있다. 새로운 변화와 혁신이 아이덴티티를 긍정적인 방향으로 더욱 강화할 수도 있다.

CHAPTER 5

지속 또는 마무리하기

가야 할 때가 언제인가를

분명히 알고 가는 이의

뒷모습은 얼마나 아름다운가

......

(이형기, 〈낙화〉中에서)

과공비례와 강의목눌
작 고 변 변 치 못 한 달

얼마 전까지만 해도 시내 유명 백화점 주차장에 차를 몰고 들어가려면 마음이 불편했다. 빛깔 고운 옷을 입고 챙이 넓은 모자를 쓴, 젊다 못해 어려 보이는 여성이 더운 여름이건, 추운 겨울이건 매연과 차량 소음으로 뒤범벅인 주차장 입구에서 티켓을 뽑아주며 허리를 90도로 굽혔다. 이어서 마치 고전무용을 하는 듯한 손동작과 통신회사 콜센터 직원처럼 들리는 목소리와 어투로 인사를 했다. 그때마다 속으로 이런 생각을 했다. '저 직원은 차를 몰고 오는 고객에게 진심으로 감사의 마음을 가질까?', '또 스스로 고객을 위해 좋은 서비스를 제공하고 있다고 생각할까?', '백화점이 교육을 잘 시키고 본인이 그런 마음자세를 갖는다 치더라도 저렇게 힘든 환경에서 얼마 동안이나 그 생각이 유지될까?', '또 고객들은 그런 인사를 받으면 쇼핑하기가 더 즐겁고 편안하다고 생각할까?' 적어도 내 경우에는, 입구에서부터 불편한 마음을 느끼면서 들어가기 때문에 쇼핑을 하는 동안에도 내내 마음이 편안하지 않았다. 물론 사람마다 대접받기를 원하는 정도가 다를 것이다. 특히 백화점이라면 상당한 과시욕을 갖고 타인들에게 상대적인 우월감을 느끼고 싶어 하는 고객이 많을 것이다. 그런 고객들에게 어떻게든 만족감을 제공해서 한 번이라도 더 방문하게 만들고 하나의 물건이라도 더 사게 만드는 것이 백화점 입장에서는 이익일 것이다. 그러나 이 모든 상황의 배후에 있을 법한 한 가지 '가정(假定)'이 있다. 백화점의 고객들은, 비굴하다 싶을 정도로 머리를 조아리는 사람 앞에서 거만을 떨면서 만족을 느낀다는 것이다. 과연 그 가정이 맞을까?

다른 백화점에 가면 분위기가 전혀 달랐다. 물론 그곳에도 주차 안내사원이 있는데, 그들은 계절에 따라 적당한 티셔츠나 파카, 야구모자와 운동화 차림에 턱 밑으로 마스크를 쓰고 있었다. 인사를 할 때 허리를 너무 깊이 숙이지 않으며, 경쾌하게 뛰어다니고, 손님과 얘기를 하지 않을 때는 마스크를 코 위로 덮어써서 매연과 탁한 공기로부터 스스로를 보호했다. 그들의 말투와 동작은 주차장에 잘 진입해서 적당한 주차 공간을 빨리 찾도록 도와주는 데 더도

덜도 없이 적당했다. 그래서 편안했다. 마치 동네의 예의 바르고 싹싹한 청년들을 보는 것 같았다. 궂은 일을 하고 있지만, 자기들이 하는 일의 의미와 가치를 잘 아는 전문가들처럼 느껴졌다.

과공비례(過恭非禮)라는 말이 있다. 지나치게 공손하면 오히려 예의에 어긋난다는 말이다. 옛날에 겸손하기로 아주 유명한 사람이 저녁에 자기 집으로 손님들을 모셔서 술자리를 벌였다. 넓은 마당 가운데 자리한 정자에 둘러앉아 분위기가 한참 무르익어 가는데, 마침 커다란 보름달이 휘영청 떠올랐다. 달을 보며 한 손님이 "오늘은 달이 유난히 밝고 좋습니다."라고 말했다. 그러자 주인이 두 손을 비비고 굽실거리며 "아이고~ 뭘요. 작고 변변치 못한 달이라 정말 죄송합니다." 하더라는 것이다. 물론 우스갯소리겠지만 이런 정도의 공손한 대접을 받으면 사람들은 흡족해지기보다는 도리어 마음이 불편해진다. 자기를 낮추고 상대를 높여서 기쁘게 해주겠다는 순수한 마음으로 받아들이지 않고, 오히려 속으로 바라는 것이나 무슨 의도가 있지나 않을까 생각하게 되고, 상황이 변하고 처지가 바뀌어도 같은 태도로 대해줄까 의심스러워진다.

예전 상사 가운데 오랫동안 성공적인 최고경영자로 일하신 분이 있다. 그분은 1970년대 초반에 경리직원으로 회사생활을 시작했는데, 신입사원이던 어느 날 회사의 상사, 선배와 함께 은행원들에게 저녁 식사를 대접하는 자리에 가게 되었다고 한다. 나름대로 의욕이 충만하고 은행과의 관계가 경리부 업무에서 아주 중요함을 알고 있던 터라, 그분은 은행 사람들을 즐겁게 해주기 위해 열심히 애를 썼다. 최대한 공손하게 예의를 갖추고, 시중의 소문과 우스갯소리를 총동원해서 재미있는 얘기를 많이 하고, 술잔도 열심히 돌렸다. 그런데 같이 갔던 선배 한 사람이 그분을 조용히 옆 방으로 부르더니 다짜고짜 한 대 쥐어박으며 일갈하기를, "갑(甲)일 때 거만하게 굴지 말고, 을(乙)일 때 비굴해지지 말라."고 하더라는 것이다.

당시의 사정을 보면 회사의 영업상황이 좋아서 자금이 풍부할 때는 은행 사람들이 회사의 자금을 유치하기 위해 애를 썼고, 회사의 영업상황이 좋지 않거나 큰 투자를 앞두고 있을 때는 회사에서 은행의 자금을 빌려 쓰기 위해 엄청 애를 쓰던 시절이었다. 그런데 그 회사는 업종 특성상 4~5년을 주기로 자금이 넘쳐나는 시기와 자금이 부족해서 고전하는 시기가 반복되었다고 한다. 그런 상황에서 은행과의 관계가 일관된 원칙이 없이 그때그때의 사정에 따라 조변모개(朝變暮改)하게 되면, 당장은 어떨지 몰라도 몇 년 후의 후임자나 후배들에게 일하기 아주 어려운 상황을 물려주게 된다는 것이었다. 그분은 선배로부터 한 대 얻어맞으면서 배운 교훈을 평생 회사생활의 금과옥조로 삼고 실천해 오셨다고 한다.

어떤 상대방과 일할 때라도 서로의 입장과 고충을 이해하려고 노력하되, 원칙을 잃지 않고 각자가 할 수 있는 범위 내에서 최선을 다해 상대방을 돕고 함께 이익이 되는 방향으로 진득하게 일해야 한다는 것이, 그 일화와 함께 들려주신 조언이었다.

　　　　　　　　최근 많은 기업들이 '워크스마트 (Work Smart)' 또는 '조직활성화'라는 기치 아래 업무를 간소화하고 도전적이고 창조적인 문화를 만들기 위해 노력하고 있다. 더 효율적이고 더욱 높은 성과를 내면서도 구성원들의 개인생활 또는 가정생활을 존중하고, 또 각자의 발전과 성장을 도모할 수 있는 강한 조직을 만드는 것이 궁극적인 목표일 것이다. 그러기 위해서는 과거에 당연시되었던 일들 가운데 불필요하거나 현재의 상황에 맞지 않는 것을 없애고, 새로운 환경에 맞는 새로운 방법을 찾아 일하는 것이 중요하다. 기존의 규칙에는 건설적인 의문을 제기할 수 있어야 하고, 문제점과 중요한 이슈는 계층과 조직 간에 적극적으로 커뮤니케이션되어야 한다. 그리고 적절한 범위의 위험 감수는 장려되어야 한다.

그런데 우리의 문화 가운데 그것을 어렵게 만드는 걸림돌이 있다. 바로 지나친 서열의식과 윗사람에게 과공(過恭)하는 분위기다. 요즘은 많이 옅어지고 있지만, 조금 과장되게 말하자면 이런 식이다.

회의실에 들어오면 앉을 자리가 정확하게 서열에 따라 정해져 있고, 회의를 주재하는 상사는 항상 제일 늦게 회의실에 입장한다. 그러면 미리 와서 얘기를 나누고 있던 참석자들이 일제히 자리에서 일어나 목례를 하고, 상사가 앉기까지 기다린다. 보고하는 사람은 정자세로 서거나 약간 윗몸을 굽힌 채 두 손을 맞잡고 또박또박 보고를 하고, 대부분의 참석자는 열심히 메모를 한다. 보고를 받은 상사가 한마디 평가를 하거나 질문할 때까지 다른 참석자들은 거의 발언을 하지 않는다. 상사가 어떤 얘기를 하면, 참석자들은 열심히 메모하고 수시로 고개를 끄덕거린다. 이런 분위기에서라면 기존의 어떤 규칙이 도전받을 수 있고, 어떤 이슈가 거리낌 없이 토론될 수 있을까? 어떤 위험을 과연 어느 누가 감수할 수 있을까?

글로벌 경쟁 시대인 오늘날 기업들은 매일같이 새로운 이슈에 맞닥뜨리고 새로운 환경변화에 직면하고 있다. 고객들의 니즈도 다양해지고, 거기에 대응하는 기술변화도 빠르며, 과거에는 거의 염두에 두지 않았던 사회적 책임에 대한 기대도 커지고 있고, 국제 통상과 관련된 문제는 더욱 복잡해지고 있다.

일례로 과거에는 적절한 사람을 뽑아 일하게 하고 봉급만 제대로 주면 되던 인력관리만 보아도, 지금은 정규직과 비정규직의 문제, 인구 구성의 변화에 따른 채용과 퇴직 관리의 변화, 국제적 문화 차이의 고려, 재택근무 환경 조성, 심지어는 구성원의 몰입과 행복 관리 등, 그 내용이 복잡하기 이를 데 없이 바뀌었다. 이렇게 다양한 문제들은 다양한 전문가의 존재를 필요로 한다. 당면한 이슈와 관련한 전문가의 정보와 식견은 조직 내에서 빨리 전달되고 흡수되어야 하며, 계속 업데이트되어야 한다. 그리고 전문가들은 계급이나 위치에 의해서가 아니라 역할에 의해서 평가되고 보상받아야 한다. 사실상 기업 안에서 일하는 대부분의 구성원들은, 이제 전문가로서 역할을 하고 전문가로서 대접을 받아야 한다. 이런 상황에서 구성원들이 자기 담당 분야에 대한 전문적인 식견을 키우고 역할을 하는 것보다 자기의 계급과 위치를 인식하고 적절한 처신을 하고, 의견을 내기보다 가급적 의견을 내지 않고 조용히 지냄으로써 위험을 감수하지 않으려 한다면, 그 기업이 과연 성과를 내고 생존을 이어갈 수 있을까?

물론 예의를 지킨다는 것은 중요한 일이고, 예의 바른 사람은 어디에서나 좋은 평가를 받는다. 그러나 현대적인 의미의 예의라는 것은, 기본적으로 사람과 사람의 관계가 평등하다는 전제하에 상대를 배려하고 존중하는 것이라 할 수 있다. 지나치게 자신을 낮추거나, 상대의 비위를 맞추려 들거나, 어떤 경우에도 나는 당신에게 맞서지 않겠다는 신호를 보내는 행위는 예의가 아니라 과공이고 비굴이다. 염치가 있는 사람은 과공하거나 비굴해지지 않는다. 그리고 교언영색(巧言令色)하지 않는다. 즉, 남의 환심을 사기 위해 말과 안색을 교묘하게 꾸미고 약삭빠르게 처신하지 않는다는 것이다. 그런 사람들은 일의 본질과 문제의 핵심에 접근하지 않기 때문에 겉보기에는 그럴싸할지 몰라도, 입장이 바뀌거나 상황이 변하면 금세 나 몰라라 하거나 거만해지기 일쑤다. 다시 말하면 '진정성'이 없는 것이다.

진정성은 우직함 속에 있는데, 우직하다는 것은 일희일비하지 않고, 상대방의 생각과 느낌, 필요와 만족에 대해 자기 소견으로 함부로 넘겨짚지 않고, 상대방의 말을 잘 새겨들으면서도 묵묵하고 꿋꿋하게 자기 할 일을 하는 것이다. 공자의 표현에 의하면 진정성은 '강의목눌(剛毅木訥)'이다. 강(剛)은 의지가 강해 물욕에 휘둘리지 않는 일을 뜻하며, 의(毅)는 기가 강하고 과단성이 있는 모습이고, 목(木)은 나무, 즉 질박한 것, 눌(訥)은 말수가 적음을 말한다. 《논어(論語)》'자로(子路)'편에서 공자는 "강의목눌(剛毅木訥)이 근인(近仁)"이라고 했다. 즉, 강하고 굳세고 질박하고 어눌함이, 그 자체로 인(仁)이라 할 수는 없지만, 인에 가깝다는 말씀이었다.

백화점과 고객의 관계에서나 경리직원과 은행의 관계에서나, 또는 회사 내의 다양한 위치와 역할에 있어서나 한 쪽이 다른 쪽에 대해 비굴하거나 거만해지지 않아야 한다. 각자가 대등하게 중요한 존재이지만 서로의 니즈를 채워주는 전문가 또는 고객이 되며, 그것에 필요한 최선의 책무를 다하고 합당한 존중을 당당하게 받는 태도기 필요하다. 조직에서도 위계질서로 일을 하던 시대가 지났으며, 리더들은 구성원들로 하여금 자기 존중과 자부심, 그리고 당당한 이견과 다양성을 표출하도록 장려해야 한다. 그런 구성원들로 가득한 조직이라야 강한 조직, 그리고 높은 성과를 내는 조직이 될 수 있다. 그리고 이런 우직함과 진정성이 곳곳에 가득할 때 우리 사회가 좀 더 행복한 사회가 될 것이다.

두 가지의 후회
벚 꽃 도   지 면 서   후 회 를   할 까 ?

친구가 들려준 얘기다. 여러 가지의
할까 말까 하는 갈림길에서 어떻게 결정을 내릴지 지침으로 삼을
만한 것이라고 했다. "갈까 말까 할 때는 가라. 줄까 말까 할 때는
줘라. 살까 말까 할 때는 사지 마라. 먹을까 말까 할 때는 먹지 마
라. 말할까 말까 할 때는 '고마워', '미안해'라는 말 외에는 하지 마
라."는 것이다. 일본의 호스피스 전문의사인 오츠 슈이치가 쓴《죽
을 때 후회하는 스물다섯 가지(死ぬときに後悔すること25)》는 죽음
을 앞둔 말기암 환자 1,000명이, 각자의 인생을 되돌아보며 가장
절절하게 후회하는 내용을 묶어서 정리한 책이다. 그 중 첫 번째가
"사랑하는 사람에게 고맙다는 말을 많이 했더라면……"이고, 두

번째가 "진짜 하고 싶은 일을 했더라면……"이다. 이 외에도 대부분의 내용은 "~했더라면……"으로 끝난다. "~하지 않았더라면……"으로 끝나는 내용은 다섯 번째의 "나쁜 짓을 하지 않았더라면……"을 포함해서 서너 가지에 불과하다.

　유대인들에게 지혜의 보물창고로 여겨지는 《탈무드》에도 "실패한 일을 후회하는 것보다 해보지도 못하고 후회하는 것이 훨씬 바보스럽다."는 구절이 있다. 후회는 고통을 수반하는 감정이다. 후회는 적을수록 좋다. 그런데 사람들은 한 일에 대해서도 후회를 하고, 하지 않은 일에 대해서도 후회를 한다. 도대체 어떤 일로 후회를 하고, 언제 후회를 하며, 왜 후회를 할까?

　코넬대학교 심리학과 교수 토마스 길로비치(Thomas Gilovich) 등이 쓴 〈후회 경험의 시간적 유형(The Temporal Pattern to the Experience of Regret)〉이라는 논문은 이렇게 시작한다. "후회는 세금과 같다. 거의 모든 사람이 겪는다. 인류 역사 가운데 어느 때보다 선택의 폭이 넓어진 오늘날의 세상에서, 전혀 후회를 하지 않아도 될 만큼 일관되게 좋은 결정을 내린다는 것은 극히 어렵다." 정말 통찰력이 뛰어난 비유다. 거의 모든 사람이 피하지 못하고, 소득이 늘어날수록 세금을 많이 내는 것처럼 생활 수준이 높아져서 선택의 폭이 늘어날수록 후회도 늘어난다는 것이다.

　같은 학자들이 이어서 쓴 논문 〈후회의 경험: 무엇을, 언제, 그리고 왜(The experience of Regret: What, When, and Why)〉는 후회에 관한 연구의 종합판이다. 일반적으로 후회라는 감정은, 선택할 수 있었지만 선택하지 않아서 실제로는 발생하지 않은 가상의 결과를, 선택에 의해 발생한 현실의 결과와 비교하면서 생긴다. 로버트 프로스트(Robert Lee Frost, 1874~1963)의 시 〈가지 않은 길(The Road Not Taken)〉에서처럼, 사람들은 두 갈래 길을 앞에 두고 한 갈래 길을 선택하고, 종국에는 택하지 않은 길을 아쉬워하며 그것 때문에 모든 것이 달라졌다고 한숨을 쉰다. 가상의 결과가 현실의 결과보다 더 나았으리라고 추정하고, 거기서 느끼는 부정적이고 고통스러운 감정이 바로 후회인 것이다. 자신이 스스로 선택한 또는 이미 일어난 일을 놓고 느끼는 실망이나 비애감과는 다르다.

주식을 사지 않아서 이익을 얻을 기회를 놓친 사람보다 주식을 사서 손해를 입은 사람이 크게 후회하는 것처럼, 사람들은 대개 하지 않은 일보다 한 일에 대해 더 큰 후회를 하게 된다고 생각한다. '하지 않음'에 의한 현상 유지는 본전이라고 생각하는 것이다. 그런데 위의 논문에 의하면 사람들이 짧은 과거의 일 중에서는 했던 일을 주로 후회하는 데 비해, 오래된 과거의 일 중에서는 했던 일보다 하지 않은 일을 더 많이 후회한다고 한다. "공부를 좀 더 열심히 했었더라면……", "그때 이 말을 꼭 했어야 했는데……", "친구의 동업 제의를 뿌리치지 않았더라면……" 등의 후회가 그것들이다. 시간의 경과에 따른 후회의 유형은, 양자택일로 답하라고 할 때나 자유연상을 통해 답하라고 할 때나 거의 일관되게 나타났다. 왜 그럴까? 논문 저자들에 따르면 여기에는 크게 세 가지의 이유가 있다.

첫째, 했던 일로 인한 고통은 시간이 흐르면서 희미해지거나 견딜 만해지고,

둘째, 하지 않은 일로 인한 고통은 시간에 따라 점점 크게 느껴지며,

셋째, 시간이 흐르면서 해서 후회되는 일보다 하지 않아서 후회되는 일이 더 자주 떠오르고 오래 기억되기 때문이다.

하나씩 살펴보기로 하자.

우선 했던 일로 인한 고통이 시간과 함께 줄어드는 이유를 보자. 사람들은 자기가 한 일이 잘못되어 문제가 생길 경우, 스스로 해결책을 찾아 나선다. 처음 찾은 직장이 맘에 들지 않으면 새로운 직장을 구하고, 남에게 거친 말을 해서 마음을 상하게 했으면 사과를 한다. 그래서 대개 했던 일로 인한 고통은 시간이 흐르면서 저절로 줄어들거나 없어진다. 또 사람들은 실패나 잘못된 일에서 교훈과 스스로 위안을 얻을 방법을 찾는다. 실패를 통해서 중요한 것을

배웠다거나, 고통을 참고 견딤으로써 나중에 더 큰 성공을 거뒀다는 식이다. 무언가 시도를 했다는 것은 위험을 감수하고 모험을 했다는 뜻이기 때문에 결과에 관계없이 그 자체만으로도 가치가 있다고 생각한다. 그러나 하지 않은 일에 대해서는 그렇게 생각할 수 없다. 또 한 가지 이유는 단기적으로 사람들은 하지 않은 일보다 한 일이 잘못되었을 때 고통을 더 크게 느끼기 때문에, 그 심리적 고통을 줄이려는 무의식적인 노력이 빨리 발동된다. 이런 이유들 때문에 했던 일로 인한 고통은 점점 줄어들며, 후회는 차츰 가벼워진다.

그러면 하지 않은 일로 인한 심리적 고통은 왜 시간이 흐를수록 커지는 것일까? 무엇인가를 망설이다가 하지 않았다는 것은 어떤 이유나 장애물이 있었다는 것인데, 그것이 시간이 흐를수록 점점 별것 아닌 것으로 생각된다. 예를 들어 친구들과 어울리느라 학점을 제대로 받지 못한 사람은 친구들과 어울리는 것이 그렇게 중요하고 피할 수 없는 일이었는지에 대해 차차 생각이 바뀐다. 첫사랑에게 고백하지 못한 사람은 거절되면 어떡하나 하는 두려움 때문이었을 텐데, 그 두려움은 차츰 잊히고 고백하지 못한 사실만이 남아 왜 고백을 못했는지 자기 자신조차 의아하게 느끼게 된다. 또 다른 이유는 했던 일로 인한 고통이나 손실은 확정적으로 발생해서 기껏해야 그 상태 그대로 유지되거나 점점 잊히는 데 비해, 하지 않은 일로 인한 고통이나 손실은 챙기지 못한 기회이익과 같은 것이라서 생각할수록 안타까운 그야말로 '가지 않은 길'이 된다. 했었더라면 생길 수 있었을 것 같은 좋은 일들의 목록은 시간이 갈수록 늘어난다. 게다가 특정 시점이 아니라 누적적으로 일정 기간에 걸쳐 하지 않은 것으로 인식되기 때문에, 충분히 기회가 있었는데도 하지 않았다는 생각이 더 크게 밀려온다.

마지막으로 했던 일에 비해 하지 않은 일이 더 자주 떠오르고 기억되는 이유는 뭘까? 사람들은 대개 마무리 지은 일보다 끝내지 못한 일이나 실현되지 않은 목표를 더 잘 기억한다. 수행해야 하는 임무나 해결해야 하는 쟁점이 있으면, 심리적인 긴장이나 강박관념이 생기기 때문이다. 이 현상은 러시아 심리학자의 이름을 따서 '자이가르닉 효과(Zeigarnik Effect)' 또는 '미완성 효과'라고 하는데, 요즘 TV 드라마에서 중요한 장면이 완성될 순간 광고가 등장해서 시청자의 속을 태우는 식으로 악용되고 있기도 하다. 어쨌든, 했던 일은 과거에 속하는 데 비해, 하지 않은 일은 미완성이라는 점에서 과거뿐 아니라 현재에도 계속 속하게 되기 때문에 더 자주 떠오르고 오래 기억되는 것이다.

이처럼 여러 이유 때문에 하지 않은 일에 대한 후회는 시간이 갈수록 커지고 아쉬움이 진하게 남는다. 그래서 많은 심리학자들은 나이키의 광고문구 "Just do it"처럼, 차라리 저지르는 것이 낫다고 권고한다. 앞으로 나아가는 것과 뒤로 물러서는 것, 두 가지 중에서 선택한다면, 그냥 앞으로 나아가라는 것이다.

시애틀 퍼시픽대학교 심리학과의 레스 패로트 3세(Les Parrott, III) 교수는 《후회의 심리학(Shoulda, Coulda, Woulda)》에서 그 이유를, 이솝 우화 '여우와 포도나무'에 나오는 배고픈 여우의 예를 들며 설명한다. 여우는 탐스럽게 열린 포도를 보고 포도를 따 먹으려고 여러 번 시도하지만, 결국 따지 못하고 배를 채우지 못한다. 결국 여우는 "저 포도는 시어서 먹지 못해. 먹으면 배탈 날 거야."라며 포기한다.

이렇게 사람들은 시도했지만 이루지 못한 일에 대해서는, '자기합리화'를 통해 상처받기를 거부한다. 그러나 자신이 할 수 있었던 일에 망설이다가 결국 행동하지 않은 경우에는, 그 기억이 두고두고 자신을 괴롭힌다. 하지 않은 일에 대해서는 자기합리화를 할 방법이 없다. 그러므로 끊임없이 자신을 괴롭히는 후회를 계속하지 않으려면, 망설이지 말고 행동으로 옮기라는 것이다. 실패하더라도 그것이 훨씬 정서적 안정을 얻을 수 있는 방법이다.

《죽을 때 후회하는 스물다섯 가지》의 오츠 슈이치 교수는 에필로그에서 이런 질문을 던진다. "벚꽃도 지면서 후회를 할까?" 그러고는 스스로 답을 한다. "정말 찰나를 살다 간 그들이지만, 슬픔이나 미련은 없는 것 같다. 아마도 그건 살아 있는 동안 최선을 다해 열심히 살았기 때문이리라. 시간에 관계없이 꽃을 피운다는 소명을 완전히 이루었기 때문이리라."

기업에서도 후회를 줄이기 위해 일단 저지르고 보는 방법이 통할 수 있을까? 저지른다는 것은 시간과 자원을 들인다는 것이고, 위험을 감수한다는 의미다. 개인이 저지르기 위해 들이는 것은 시간과 관심과 열정과 지속 등 심리적인 비용이 대부분이지만, 기업에서는 다르다. 기업은 자원을 들이고 실제로 비용을 치른다. 우리는 왜 반도체산업에 뛰어들지 않았을까? 우리는 왜 광고를 대대적으로 하지 않았을까? 등등의 후회는 의미가 없다. 자기 한 사람만 책임지면 될 때는 저지르는 것이 나을지도 모르지만, 기업의 경영자는 투자가들이 맡긴 재산을 선량한 청지기로서 잘 관리해야 하는 책임이 따른다. 경영자의 심리적인 만족이 청지기로서의 책임보다 더 크다고 할 수는 없다. 그러므로 기업에서는 무작정 저지르고 본다는 것은 있을 수 없는 일이다.

그렇지만 전혀 방법이 없는 것은 아니다. '리얼옵션(Real Option)' 기법을 활용하는 것이다. 리얼옵션은 불확실성이 높은 상황에서 하나의 대안을 선택해서 집중투자하고 그 결과를 기다리는 것이 아니라, 복수의 대안에 대해 발을 걸쳐 놓고 기다릴 수 있는 선택권을 갖는 것이다. 신약 개발이나 IT 분야처럼 어떤 대안이 성공할지, 못 할지 예측이 아주 어렵고, 기술 발전이 빠르면서 불연속적일 때 많이 활용되는 경영기법이지만, 최근에는 모든 분야에서 불확실성을 감안한 의사 결정 기법으로 쓰이고 있다. 여러 대안에 조금씩 투자하면서 기술을 익히고 시장 흐름에 뒤처지지 않도록 노력하지만, 한 곳에 대한 집중투자는 최대한 미룬다. 그러다가 적절한 시점에 옵션별 성공가능성과 투자수익률을 다시 평가해서 확신이 생기면, 투자를 대폭 확대하거나 그렇지 않으면 중단한다. 그러면 아무런 준비가 되어 있지 않은 기업에 비해, 중요한 시점이 되었을 때 훨씬 빠르게 대처할 수 있고, 시장을 선점할 수 있다. 환경 변화에 유연하고 융통성 있는 대응이 가능해지는 것이다. 잘못된 투자로 인해 자원을 함부로 낭비하지 않으면서도 좋은 기회를 놓치지 않을 방법이며, 아무것도 하지 않다가 남들이 성공한 후에 그것을 바라보며 뼈아픈 후회를 하지 않을 방법이다.

일반적으로 기업에서는 한 일에 대한 후회를 줄이려는 재무전문가와 하지 않은 일에 대한 후회를 줄이고 싶어 하는 전략전문가의 갈등이 다반사로 일어난다. 그런데 개인과 달리 선량한 관리의무를 지닌 기업의 경영자에게는, 후회할 권리가 넉넉하지 않다. 두가지 후회를 다 줄이고 최적을 찾으려면, 중심만을 바라보고 '결정론적'으로 생각하는 사고방식에서 벗어나 가능성을 가진 주변을 볼 수 있도록 '확률론적 사고'를 해야 한다. 그것이 환경변화에 능동적으로 대처하는 길이다. 도저히 일어나서는 안 되는 일의 가능성은 최대한 줄이는(Minimizing Downside) 동시에, 이루고 싶은 결과의 가능성을 최대한 높이기(Maximizing Upside) 위해 꾸준히 노력하는 방안으로서, 선택권을 잘 활용해서 의사 결정에 반영하는 것이다.

가끔 리얼옵션에 대해 설명하면, 어정쩡하게 발을 걸치고 최선을 다하지 않는 것이 아니냐는 질문을 받곤 한다. 앞에서도 얘기했지만, 그것이야말로 최선에 대한 오해다. 섣부른 선택을 하고서 실행에만 최선을 다하는 것은 최선이 아니다. 최선의 선택과 최선의 실행이 합쳐져야 하며, 때로는 선택을 미루는 것이 최선의 선택이 될 수도 있다.

그리고 리얼옵션은 기업이나 특정 산업 분야에서만 쓰일 수 있는 경영기법이 아니다. 최선의 의사 결정을 통해 선택을 잘하고 그것을 실행할 책임을 부여받은 모든 경영자들, 그리고 조직의 리더들이 적극적으로 받아들이고 활용해야 할 사고체계다. 선택권의 확보는 적극적으로 하고, 선택권의 행사는 조심스럽게 하라는 것이다. 물론 그 선택권의 확보와 행사에도 비용이 따른다는 것을 명심해야 한다.

두 가지의 자부심

스 스 로 짊 어 지 는 마 음

두 가지의 옵션이 있다고 가정하자. 하나는 추첨을 해서 10퍼센트의 확률로 100만 원을 받는 것이고, 다른 하나는 무조건 선택만 하면 10만 원을 받는 것이다. 당신이라면 어느 쪽을 택하겠는가? 두 옵션의 기대값은 똑같이 10만 원이다. 전통적인 재무 지식으로 판단하면, 기대값이 같기 때문에 위험이 적은 두 번째 옵션을 택하는 것이 정답이다. 그렇지만 현실에서는 개인마다 위험에 대한 선호가 다르기 때문에 다른 선택이 나올 것이다.

지금부터는 가상의 사고실험이다. 전체 20명 가운데 각각의 옵션을 선택한 사람이 10명씩 있었다고 치자. 그러면 최종적인 결과는 100만 원을 얻은 1명과 10만 원을 얻은 10명, 그리고 아무것도 얻지 못한 9명이 생긴다. 사람들의 관심은 100만 원을 얻은 1명에게만 쏟아진다. 나머지 19명은 주목받지 못한다. 100만 원을 얻은 사람은 100만 원뿐 아니라 여러 가지 부수적인 것들을 얻는다. 10만 원을 얻은 사람은 아무것도 얻지 못한 사람들에 비해 별반 나을 게 없다. 기껏 새가슴이라는 비난을 듣지 않으면 다행이다. 그래서 사람들은 점점 더 첫 번째 옵션을 택하게 된다. 결국에는 골고루 적당히 나눠 갖기보다는, 크게 성공한 소수와 아무것도 갖지 못한 다수가 생기는 쪽으로 흘러간다. 스웨덴 밴드 아바(Abba)의 노래제목처럼 "The winner takes it all."이 되는 것이다. 이 경우에 성공한 소수의 승리자(winner)는 자부심을 느끼는 것이 맞을까? 또는 세상 사람들이 주목과 찬사를 보냄으로써 그들이 자부심을 느끼도록 하는 것이 맞는 일일까?

'자부심(自負心, Pride)'은 인간의 감정 가운데 설명하기 쉽지 않은 것 중 하나다. 인간의 감정에는 공포, 노여움, 기쁨이나 반가움 등, 대상에 의해 직접 유발되는 일차적 감정이 있고, 그와 달리 원래의 이유인 사건이나 대상으로 인해 자기 자신을 어떻게 느끼느냐, 즉 자의식과 관련된 감정이 있다. 후자에는 수치심이나 죄책감, 연대감 등이 속한다. 이들은 대체로 쉽게 설명되지 않는 복잡한 감정들이다.

자부심은 또, 배후의 사건이나 대상에 따라 다양하게 분류될 수 있다. 순수하게 개인적으로 느끼는 자부심이 있는가 하면, 자기가 속한 조직이나 사회에 대한 자부심이 있으며, 노력과 성취에 대한 자부심이 있는가 하면, 타고난 능력이나 지위에 대한 자부심도 있다. 전자와 후자의 구분은 어느 정도 겹치기도 하지만, 반드시 일치하거나 아주 높은 상관관계를 갖는 것은 아니다. 자부심의 원천은 이처럼 다양할 뿐 아니라 자부심에 대한 평가 또한 사람마다, 문화권마다 상당히 다르다.

현대의 서양 사회에서 자부심은, 대체로 긍정적인 것으로 간주된다. 자기 자신에게 좋은 감정을 갖는다는 것은, 스스로에게 그리고 남들에게 좋은 사람이 되기 위한 출발점이다. 자부심이 높은 사람은 자기가 속한 조직과 사회에 대해 충성심이 강하고, 유익한 행동을 할 가능성이 크며, 정신적으로 건강하고 더 행복한 생활을 할 수 있다고 여겨진다. 그래서 부모들은 아이들에게 자주 "난 네가 자랑스러워(I'm proud of you.)."라고 얘기하고, 조직의 상급자나 연장자들은 하급자, 또는 후배들에게 "자부심을 가져라."라고 주문한다.

한편, 전통적인 사회에서는 지나친 자부심을 경계한다. 갈등을 일으키고 질시의 표적이 되며, 조화롭고 상생하는 사회생활을 저해하는 것, 즉 '겸손'의 반대개념으로 간주한다. 특히 기독교와 같은 종교에서는 자부심을 허영과 교만, 신 앞에 자신을 낮추지 않고 대적하는 태도와 동일시한다. 단테의 《신곡(Divina Comedia)》에서는 '자부심(자만심으로 번역할 수도 있겠지만, 어쨌든 이 두 가지는 단테의 언어나 영어에서 구분되지 않는다.)'을 일곱 가지 죽음에 이르는 죄악 가운데 가장 나쁜 죄악으로 묘사했다. 한마디로 멸망의 지름길이라는 것이다.

왜 사람들은 자부심에 대해 이처럼 서로 다른 생각을 갖게 되었을까? 실제로는 한 가지가 아닌 서로 다른 감정인데도, 자부심이라는 이름으로 묶어서 생각하기 때문 아닐까? 예를 들어 수치심(Shame)과 죄책감(Guilty)은 현실에서 서로 연결되는 경우도 있지만, 개념적으로는 명확히 구별된다. 수치심은 자신의 존재에 대해서 느끼는 감정인 데 반해, 죄책감은 자신의 잘못된 행위에 대한 것이다. 죄책감은 반성과 함께 행동을 수정하고 올바른 방향으로 나아가도록 하는 원동력이 되지만, 수치심은 자기혐오와 우울증으로 이어지거나 약물남용, 반사회적 활동 등을 낳기도 한다. 자부심에 대해서도 이처럼 나눠서 생각해야 하는 것이 아닐까?

바로 그 점을 오랫동안 연구한 학자가 있다. 《프라이드(Take pride)》라는 책을 쓴 캐나다 브리티시컬럼 비아대학의 제시카 트레이시(Jessica L. Tracy) 교수다. 그와 동료들은 먼저 자부심이라는 감정이 지구상 어디에서나, 어떤 사람들에게나 보편적인 것인지 조사했다. 일차적 감정은, 모든 인류에게 똑같은 표정과 몸짓으로 표현되고 인식되지만, 자의식과 관련된 이차적 감정은 그렇지 않다는 것이 지금까지 학자들의 견해였다. 그런데 모든 조사지역에서, 심지어는 서구 문명의 영향을 받지 않은 아프리카의 오지에서도, 자부심에 대한 표현이 동일하게 인식되었다. 엄지손가락을 위로 세워 치켜드는 동작은 문화권에 따라서 다르게 인식되는 데 반해, 가슴을 펴고 고개를 약간 치켜들며, 두 손을 허리에 대거나 치켜든 자세로 약간의 미소를 머금는 것은, 어느 문화권에서나 자부심을 나타내는 것으로 여겨진 것이다. 이는 자부심이 확실히 인류의 보편적 감정이라는 것을 보여준다.

다른 조사에서는 사람들이 자부심이라는 단어와 개념에서 연상하는 의미를 분류했다. 그것들은 확연히 다른 두 범주로 나눌 수 있었는데, 하나는 성취, 승리, 확신과 같이 통제 가능하고 개인의 노력에 의해 달성할 수 있으며 자부심의 원천이 되는 것들이었고, 다른 하나는 거만함, 으스댐, 허영과 같은 자아도취적이면서도 자기과시적인 태도와 관련된 것들이었다. 전자와 관련된 자부심을 '진정한 자부심(Authentic Pride)'으로, 후자와 관련된 자부심을 '휴브리스적 자부심(Hubristic Pride)'으로 부르고 구분하기로 했다.

대체로 성공이나 긍정적인 사건의 원인을 자기 자신에게 돌림으로써 자부심이 생겨난다. 그런데 진정한 자부심은 "열심히 공부한 덕분에 합격했어."라는 식으로 불확실한 가운데 자기 자신의 노력에 비중을 두는 반면, 휴브리스적 자부심은 "나는 항상 뛰어나기 때문에 합격하는 것은 당연해."라는 식으로 노력 여부와 관계없는 타고난 자질이나 신분, 자격 그리고 안정된 상황에 더 큰 비중을 둔다는 것이다.

진정한 자부심이든 휴브리스적 자부심이든 인류 진화의 과정에서 어떤 역할을 담당했기 때문에 보편적으로 인식되고 표현되었을 것이다. 진화적 관점에서 보면 개인을 위해서나 소속된 집단을 위해서나 어떤 긍정적인 기능이 있었다는 얘기다. 사회에 이롭고 성공적인 행동을 하면 생존과 번식에 더 유리하기 때문에, 긍정적인 느낌, 즉 자부심을 느끼게 해주어 더욱 자주 하도록 유도하는 기능을 했을 것이다.

학자들의 연구에 따르면 사람들이 자부심을 느끼면, 그 배후의 사건을 보다 생생하게 기억하고 더 최근의 일로 느끼게 된다고 한다. 또 자부심을 갖도록 유도된 통제집단은, 자부심을 느끼는 동안 또는 그 직후 부여받은 과제를 수행하는 데 훨씬 좋은 성적을 올렸다. 자부심이 긍정적인 행위를 강화하는 피드백 작용을 한 것이다. 또 집단의 유지와 번성에 도움이 되는 행동을 하는 사람에게 집단은 더 높은 지위와 더 많은 자원을 줌으로써 그런 행동을 장려할 것이기 때문에, 자부심을 표현한다는 것은 자신이 그럴 자격이 있다는 것을 알리는 신호의 역할을 한다. "나는 전체를 위해 기여하는 좋은 사람이므로 나를 우위에 놓고 대접해 달라."고 외치는 것이다.

자부심을 표현할 때는 대체로 크게 웃는 대신, 보일 듯 말 듯한 약간의 미소를 짓는다. 미소는 우정과 동맹을 뜻한다. 결국 자부심의 신체적 표현은 "내가 우위에 있지만, 여전히 나는 너의 적이 아니라 친구"라는 신호를 보내는 것이다.

그런데 휴브리스적 자부심은 어떻게 생겨났을까? 진정한 자부심은 자부심을 느낄 만한 행동이나 성취에 기반하고 있는 반면, 휴브리스적 자부심은 실제로 긍정적인 역할이나 기여에 관계없이 지위나 자원, 존경만을 얻기 위한 지름길 또는 일종의 속임수라는 것이, 트레이시 교수와 동료들의 해석이다. 다시 말하면 '존경 받을 만함'이 아니라 결과로서의 '존경'만을 추구하는 것이며, '뛰어난 업적(Excellence)'보다 '우월적 지위(Superiority)'만을 추구하는 것이다. 이런 식의 자부심이 만연하면 사람들이 기여하는 바 없이 보상만을 추구하므로 사회적으로 득이 되지 않고 해를 끼친다. 개인에게 있어서는 스스로 만들어 내는 것에 기반하지 않고, 남들에 의해 주어지는 것이라는 취약한 바탕 위에 결과를 추구하므로, 원하는 것을 얻지 못하면 자기비하로 연결되거나, 편견과 집단갈등, 공격성 등의 탈출구를 찾게 된다. 자부심이 행동적으로 표현되는 양식은 동일하지만, 배후에는 이처럼 서로 다른 원천을 가지고 있다. 두 교수가 쓴 논문의 마지막 문장은 다음과 같다. "인간적이라는 것은 적어도 부분적으로는 자부심을 경험하려고 하고, 또 자부심을 남에게 내보이려 하는 것이다."

회계학의 기본 개념에서, 기업의 수익(revenue)은 기업이 외부로부터 받는 것(input)이 아니라 기업이 외부에 내어놓는 것(output)이다. 고객으로부터 받는 돈이 아니라 고객에게 제공하는 제품과 서비스라는 얘기다. 그 제품과 서비스는 고객의 문제를 해결하기 위해 고객의 필요에 따라 제공하는 것이다. 그래서 베들레헴 철강회사(Bethlehem Steel)의 창업자 조지프 와튼(Joseph Wharton, 1826~1909)은, 펜실베이니아대학교의 와튼경영대학을 설립하면서 "근대 경영 교육은, 우리 문명에 내재한 사회적 문제들을 해결하기 위한 해법들을 찾아야 하며, 비즈니스 리더들은 사회가 공유하는 필요에 책임을 지는 공동체를 세우고 이끄는 사람들이 되어야 한다.(Modern business education should find solutions to the social problems inherent in our civilization. Business leaders should be community builders and leaders who are responsible to society's shared needs.)"고 말했다. 그것이 바로 비즈니스 리더들이 인간적인 자부심을 가질 수 있는 원천이다.

처음으로 돌아가서 "100만 원을 얻은 승자가 자부심을 느끼는 것이 맞을까?"라는 질문의 답을 생각해보자. 기업가적 위험 감수를 통해 무에서 유를 창조하고 사회를 위해 기여한 바가 뚜렷한 성공한 소수에 대해서는 존경을 보내야 하고, 그들이 자부심을 느끼는 것이 마땅하다. 그런데 랜덤(Random)한 확률의 제로섬 게임에서 승리한 소수라면 얘기가 다를 것이다. 그들이 느끼는 자부심은 휴브리스적 자부심이다. 건강한 조직과 사회는 결과적으로 승리한 소수들 가운데, 과정에서부터 최선의 노력을 다하고 전체를 위해 기여한 바가 확실한 소수를 구별해 내고, 그들에게 진정한 존경을 보낼 줄 안다. 그렇지 않으면 모두가 결과만 중시하고 과정을 무시하여 과도하게 위험을 추구하는 건강하지 못한 상태에 빠지게 된다.

요즘 기업에서는 구성원들의 자부심을 고양하기 위해 많은 노력을 하고 있다. 그런데 대부분의 경우, 기업에 소속함으로 인해 얻는 혜택을 통해 자부심을 고취하려고 한다. 그것은 수혜자로서의 자부심, 즉 휴브리스적 자부심인데, 기업 입장에서 자산이 되는 것이 아니라 부채가 된다. 높은 급여와 훌륭한 복지혜택을 당연하게 생각하고, 차별적이고 배타적인 문화를 자부심의 근원으로 삼았던 많은 기업들이 어려움에 빠지거나 문을 닫았다. 그들이 누렸던 혜택은 대부분 그들의 선배들이 이뤄 낸 성취와 업적 덕분이었는데도, 언제까지나 자기들이 누려야 할 당연한 권리로 간주했기 때문이다.

기업의 입장에서 자산이 될 수 있는 구성원들의 자부심은, 기여자로서의 자부심, 즉 기업은 사회를 위해 기여하고, 구성원들은 기업을 위해 기여한다는 자부심이다. 적절한 위험의 감수와 최선의 노력을 통해, 기업을 위해, 사회를 위해 좋은 것을 만들어 내겠다는 각오와 실천이 자부심의 원천이 되어야 한다. 자부심(自負心)을 한자로 직역하면, "스스로 짊어지는 마음"이다. 스스로 짊어지지 않으면 누군가에게 짐을 떠넘기는 것이다. 그것은 자부심이 될 수 없다.

휴브리스
수 나 라 와 당 나 라 의 2 대 황 제

앞에서 자부심의 종류를 설명하면서 휴브리스(Hubris)라는 용어가 나왔다. 여기서 잠깐 '휴브리스'라는 말을 설명하자면, 원래는 신의 영역에까지 다다르려는 오만함을 뜻하는 그리스어에서 유래했는데, 영국의 역사학자이자 문명비평가인 아널드 토인비(Arnold J. Toynbee)가 "성공체험의 우상화"를 뜻하는 역사해석학 용어로 사용하면서 유명해진 말이다. 그리스 신화에서 이카로스는 새의 깃털과 밀랍으로 만든 날개를 달고 하늘을 향해 날아오르다가, 아버지 다이달로스의 경고를 무시하고 태양에 너무 가까이 가는 바람에 밀랍이 녹아 땅에 떨어져 죽었다. 토인비의 해석에 따르면 이카로스가 하늘을 난 것처럼 창조적 소수의 능력과 노력에 의해 역사가 바뀌지만, 일단 역사를 바꾸는 데 성공한 그들 소수는 과거에 일을 성사시킨 자신들의 능력이나 방법을 지나치게 믿어서 우상화의 오류를 범하기 쉽다. 그들은 과거의 경험이나 능력만을 절대적 진리로 믿고, 주변 사람들의 생각이야 어떻든, 또 세상이 어떻게 바뀌든 상관없이 과거에 했던 방식대로 일을 밀어붙이다가 결국은 실패하게 된다는 것이다. 휴브리스는 그런 식으로 '과거의 성공에 기반한 부질없는 오만'을 뜻하는 말이다.

동양 역사에서 휴브리스의 사례를 찾아보면, 수나라 2대 황제인 양제(煬帝)를 들 수 있다. 진나라, 한나라 이후 분열되었던 중국대륙을 다시 통일해서, 지금의 통일 중국의 기틀을 마련한 것이 선비족의 수나라다. 양제는 수나라를 세운 문제(文帝)의 차남으로 이름은 양광(楊廣)이다. 양광은 진나라를 격파하고 통일을 이룰 때 원정군 총사령관이었고, 학문과 예술에도 조예가 깊었다고 한다. 하지만 그의 성공 비결은 연기와 기만이었다.

문제가 자기를 방문할 때, 미리 젊고 아름다운 미희들을 숨겨 두고 늙고 추한 여자들이 시중을 들게 했고, 줄이 잘리고 먼지가 수북하게 쌓인 거문고를 눈에 잘 띄는 장소에 놓아두어서 검소하고 향락을 멀리하는 것처럼 보이게 했다. 어머니인 독고 황후가 자기의 형인 태자 양용을 방문한다는 소식을 듣고, 어여쁜 궁녀를 미리 태자궁에 보내 술을 마시게 하는 등, 계획적으로 태자를 끌어내리기 위해 노력했다. 어머니가 죽었을 때는 피눈물을 흘려 문제와 주변을 감동시켰으나, 처소로 돌아와서는 술과 고기를 즐겼다. 평소 음심을 품었던 문제의 후궁, 선화부인을 범하려다 발각되어 아버지의 문책을 받게 되자, 일종의 쿠데타를 일으켜 아버지와 형을 죽게 하고 결국 605년에 황제에 올랐다.

검소한 척했던 그는 즉위 후에 대규모 토목공사를 벌이는데, 만리장성, 대운하, 수도 이전 등을 감행하고, 인부 8만 명이 끄는 배와 관풍행전(觀風行殿)이라 부르는 이동식 궁전으로 유람을 다니기도 했다. 이때 백성들은 노역이나 징집을 피하려고 스스로 팔다리를 잘랐다고 한다.

대외적으로는 돌궐 등 북방을 공략해서 영토를 넓히기도 했는데, 고구려가 눈엣가시였다. 입조 및 조공을 거부한 고구려를 612년에 침공했는데, 이때 동원된 군사의 숫자가 113만 명이고, 병참 지원까지 합하면 300만 명이 동원되었으며, 출발하는 데만 40일이 걸렸고, 행렬 길이가 자그마치 400킬로였다고 한다. 그런데 요동성 하나를 공략하지 못하고 시간을 지체하게 되자, 30만 명의 별동대와 10만 명의 수군을 별도로 조직해서 평양성으로 바로 진군했다. 이때 고구려군은, 소규모 전투에서 지는 척하고 계속 퇴각하면서 수나라 군대의 힘을 뺐다. 평양성 근처에 도착한 수나라 군대는 지칠 대로 지치고, 피로한 병사들은 식량까지 버리고 와서 결국 퇴각할 수밖에 없었다. 이 30만 군사 중 결국 2,700명만 남기고 모조리 쓸어버린 것이 바로 살수대첩이다.

이후에도 양제는 613년 35만 군대로 2차 침입을 강행했는데, 수도에서 반란이 일어나 급하게 퇴각했고, 614년에도 다시 군대를 일으키려고 하자 신하들의 반대가 극심했는데, 고구려 침공을 반대하는 자는 모두 죽이겠다고 하면서까지 고집을 꺾지 않았다. 결국 3, 4차 원정까지 진행했지만, 고구려는 거짓으로 항복하는 척하면서 계속 양제의 신경을 거스르게 했고, 수나라의 국력은 완전히 고갈되고 여기저기서 반란이 끊이질 않았다. 그런 상황에서도 방탕한 생활을 하던 양제는 마침내 618년 부하에게 살해되는데, 죽기 직전 이런 말을 남겼다고 한다. "짐이 무슨 죄가 있길래, 목이 잘리지 않으면 안 되는 지경에 이르렀는가?"

이처럼 성공한 사람은 그 성공에 도취되어 자신의 역량, 부, 지식, 업적 등 자신의 탁월함으로 인해 교만에 빠지기 쉽다. 그리스에서는 자부심이 크고 교만해진 인간이, 신(神)의 영역에 도전해 신을 화나게 함으로써 몰락을 자초하는 경우를 '휴브리스'라고 한 것이다.

휴브리스에 대한 경고가 이처럼 신

화, 종교 경전, 설화에 가득한 이유가 무엇일까? 인간은 사회적 동물이다. 사회적 동물이기에 나타나는 현상은 크게 두 가지를 들 수 있다. 하나는 '공감(Empathy)'이다. 약자를 돕고, 연민을 느끼고, 서로 협력하며, 정의감을 갖는 것은 개체로서보다 집단으로서 더 강한 인간 종족이 그 특성을 더욱 강화시키고자 하는 것이다. 다른 사람의 고통에 함께 고통을 느끼는 소위 '거울 뉴런'의 작용은, 인간의 가장 가까운 친척인 침팬지에게서도 찾아보기 힘든 현상이다. 또 하나는 '계급'이다. 조직된 집단이 효율적으로 움직이게 하기 위해 체계를 갖추는 것이다. 그런데 계급, 권력, 지위 등 집단을 위해 만들어진 일종의 제도가 개인의 이익에 봉사하는 자원의 성격을 갖기도 한다. 휴브리스는 이러한 권력, 지위를 전체를 위해서가 아니라 개인을 위해서 사용하고 계속 강화하는 현상이기도 하며, 신화, 경전, 설화는 그것에 대한 경고와 제어장치로서 우리의 집단 무의식 속에서 작동하는 것이다. 사회성이 우리의 본성인데, 계속되는 성공, 권력의 지속, 남들의 칭송, 정상적인 제어장치의 부재가 그 사회성을 망가뜨린다. 더구나 최근에는 능력주의, 개인주의가 그런 현상을 더욱 강화하며, 인터넷의 발달로 인해 더욱 증폭되고 있다.

《성공하는 기업들의 8가지 습관(Build to Last)》을 쓴 짐 콜린스는 후속작《위대한 기업은 다 어디로 갔을까(How the Mighty Fall)》에서 과거에 언급했던 우량 기업 11곳을 분석, 기업이 몰락하는 5단계를 발견했다. 그것은 ① 성공으로부터 자만심이 생겨나는 단계, ② 원칙 없이 더 많은 욕심을 부리는 단계, ③ 위험과 위기 가능성을 부정하는 단계, ④ 구원을 찾아 헤매는 단계, ⑤ 유명무실해지거나 생명이 끝나는 단계라고 한다.

휴브리스의 전형적인 단계라고 할 수 있는데, 왜 성공한 기업은 휴브리스에 빠질까? 첫 번째, 성공체험이 쌓인 기업은 시야가 좁아지거나 외부 변화에 대해 낙관하게 된다. 즉, 성공 뒤에 위기는 언제든지 극복 가능하며, 큰 위협이 되지 않을 것이라고 성급하게 판단한다. 두 번째, 과도한 자신감이다. 성공을 축적한 기업은 성공한 전략에 대한 과도한 자신감이 붙는다. 즉, 이미 검증된 성공한 전략을 보유하고 있다고 생각하며, 이런 맹신이 결국 전략 운용을 좁게 만든다. 문제가 생길 때마다 '우리의 핵심역량을 사용해서 돌파하자'라는 식이 된다. 세 번째, 성공하게 되면 성공의 주역들은 그에 따른 권리와 보상을 받게 되는데, 이것은 나쁜 현상이 아니라 당연한 현상이다. 그런데 문제는 다음 시련의 시기에 그들의 역할이 도전자에서 챔피언으로 바뀌어 방어전을 치른다는 것이다. 즉 기득권 세력으로서 저항을 하는 것이다.

정치 영역에서는 그나마 권력의 오만과 독재를 막기 위해 제한된 기간만 권력을 행사할 수 있는 사회적 제도를 고안해 냈다. 군

주제에서 공화제로 발전하면서, 권력의 전횡과 독재를 막는 장치로, 일정한 기간이 지나면 권력을 자동으로 회수함으로써 권력의 오만을 예방하는 시스템을 구축한 것이다. 이와 달리 기업에서는 소유경영인과 전문경영인의 두 가지 방식이 모두 존재한다. 전문경영인에 비해 소유경영인들의 재직기간은 훨씬 길고, 그 장단점에 관한 많은 논쟁이 벌어지고 있지만, 합의된 적절한 통제장치는 뚜렷하지 않다. 기업에서의 휴브리스가 더욱 주목받아야 하는 이유다.

특히 우리나라에서는 기업들의 과도한 몸집 불리기와 관련하여 여러 사례가 있다. 부동산, 유통, 중공업, 금융 등 초기에 큰 성공을 거둔 기업들이 다른 산업 분야에 진출하면서도 계속해서 초기의 방식을 답습해 갔고, 그 성공 방식에 대해 의심하지 않았다. 여러 가지 위험 신호가 있었음에도 불구하고 계속해서 내부 순환출자 등의 무리한 수단을 동원했고, 결정적인 위기가 닥쳤을 때는 자구책 미비나 비윤리적 행위 등으로 인해 결국 패망하고 만 기업들이 손으로 꼽을 수 없을 정도로 많았다.

휴브리스에 빠지지 않기 위해서는 어떻게 해야 할까? 첫째, 경험, 능력, 리더십에 대해 맹신하지 말아야 한다. 자신의 경험과 성공에 대해 확신하고 되풀이해 강조하는 것은, 꼰대의 징표일 뿐이다. 맹목적으로 존중하고, 심지어 숭배하기까지 하는 경험에 대해 실제로 우리는 인지하지 못하는 사이에 중요 정보를 걸러내거나, 연관 관계도 없는 사실들을 엮어 놓는 등 왜곡이 심한 상태로 기억한다. 심리학의 '피크-엔드 법칙(Peak-End Rule)'처럼 경험을 평가할 때 시작 부분과 절정 부분, 그리고 마지막 부분만을 비중 있게 느끼고 나머지는 적당히 압축하는 경향도 있고, 말이 되도록 각색하는 경우도 많다고 한다. 거기에 자신만의 고정관념과 능숙함의 함정이 곁들어지면, 경험은 일종의 자신만의 해석이 된다. 즉, 완전히 동일한 상황이 아니라면 경험이 위험이 될 수 있다. 우리의 경험은 과거와 미래의 차이가 크면 형편없는 스승이 되고, 새로운 아이디어와 방식의 성공을 간과하거나 부정할 수 있다. 그래서 우리는 경험을, 부정할 수 없는 결론이 아니라 차차 검증해야 할 가정으로만 받아들이는 것이 좋다.

휴브리스에 빠진 사람들의 두 번째 전제가 자기 능력의 과신인데, 성공은 철저히 개인의 역량으로만 이루어지는 것은 아니다. 세계은행 출신 경제학자 브랑코 밀라노비치는, 태어난 나라의 평균소득과 불평등지수만으로 성인기 소득의 최소 50퍼센트를 예측할 수 있다고 한다. 즉, 대한민국이라는 선진국에 태어난 것만으로도 우리는 지구상 인구 중 상위 20퍼센트 안에 들어가는 운 좋은 사람들이다. 다음으로 만나는 운은 부모다. 환경이 동일하더라도 유전

요인이 교육 연한의 44.3퍼센트를, 소득의 32.4퍼센트를 설명한다고 한다. 개인의 역량도 마찬가지다.

하버드대학교 보리스 그로이스버그 교수가, 증권사 애널리스트 중에서 이직한 경우 이직 후 성과를 검토한 결과, 회사를 옮긴 애널리스트는 옮기지 않은 애널리스트에 비해 높은 급여를 받았지만, 옮긴 후의 성적이 급락해 5년 이상 부진의 늪에서 벗어나지 못했다고 한다. 이들이 실력을 충분히 발휘했던 것은, 개인이 뛰어나서라기보다 회사에서 최적의 지원을 받았기 때문이라는 것이다. 이처럼 우리는 성공에 대해서 개인의 실력을 과대평가하고, 조직, 환경 등 다른 영향을 과소평가하고 있다.

또 우리는 리더십의 시대에 살고 있다고 해도 과언이 아닐 정도로 리더십을 중요하게 생각하고, 리더가 바뀌면 모든 것이 바뀐다고 믿는 경향이 있다. 물론 리더십은 중요하다. 하지만 '한 사람의 리더가 조직의 성패를 좌우한다'는 명제에는 선뜻 동의하기 어렵다. 리더십은 각자 지향하는 바가 다른 사람들을 리더 자신이 원하는 목표나 조직의 목표로 향하도록 정렬하고 통합하는 영향력을 의미한다. 하버드대학교의 존 코터 교수는, 리더십의 본질이 복잡한 문제를 푸는 것이 아니라 '변화에 대처하는 것'이라고 했다. 모든 것이 확실하다면 구성원 각자의 일만 하면 될 뿐, 리더가 필요 없을 것이다.

개개인의 역할과 대응이 모호할 경우 사람들은 리더를 필요로 하게 되는데, 문제는 불확실성이 절대적인 '부카(VUCA, volatile, uncertain, complex, ambiguous) 시대'에 구성원들은 리더가 문제를 해결해주는 데 대한 의존도가 커지는 반면, 리더들은 자신들조차 불확실성을 해결하기 어렵다는 것이다. 따라서 리더들은 먼저 자신의 경험, 실력, 리더십에 대해 나르시시즘적인 환상을 버리고 겸손해야 한다. 말뿐 아니라 행동으로 겸손을 실천해야 한다. 부하직원이나, 식당 종업원, 골프장 캐디에게 다짜고짜 반말하는 사람들이 있는데, 그런 습관은 빨리 고치는 것이 좋다.

또, 자신의 권력에 대한 적절한 견제장치를 스스로 만들어 둘 필요가 있다. 가장 좋기로는 흉금을 터놓을 수 있는 가까운 사람이다. 사슴을 말이라고 하는 입에 발린 소리를 하는 사람들이 아니라, 사실과 자신의 의견을 구분해서 정확하게 전달하는 참모를 두어야 한다. 에이미 에드먼슨 하버드대 교수의 책《두려움 없는 조직(The fearless organization)》에는 영화 '토이스토리(Toystory)'로 유명한 픽사(Pixar)의 '브레인트러스트(Braintrust)'가 소개되어 있다. 몇몇이 그룹을 지어 점심을 먹으면서 제작 중인 영화를 관람하고, 감상평을 솔직하게 들려주는 일종의 의견교환 과정이다. 여기서 동료들은 제작진이 아닌 영화에 대해서 다양한 의견을 주되, 흠을 들춰내는 식이 아니라 애정을 바탕으로 전달한다. 그런데 브레인트러스트를 구성하는 권한도 감독에게 있다는 것이 중요하다. 입에 발린 칭찬을 들으려는 것이 아니라 제대로 쓴소리를 들으려는 것이다.

기업의 이사회도 사실 CEO에 대해 제대로 된 쓴소리를 하기 위한 조직이다. 구성만 그럴 듯하게 하는 것이 아니라, 이사회의 실제 토의 과정이나 내용이 거리낌 없고 성과를 내도록 만들어야 한다. 또 휴브리스의 징후를 미리 포착해서 경고를 날려주는 AI 같은 장치가 있다면 더할 나위 없이 좋겠지만, 일부러 반대의견을 말하는 '악마의 대변인(Devil's Advocate)'을 지정해서 그 의견을 경청하는 것도 좋은 방법이다. 근래에는 ESG경영(Environment, Social, Governance의 머리글자를 딴 용어로, 기업 활동에 친환경, 사회적 책임, 지배구조 개선 등의 가치를 우선으로 함으로써 지속가능한 발전을 이루려는 기업의 경영철학)이 확대되면서 독립적 이사회 구성이나 이사회 전문성이 강화되고 있다. 다양한 소위원회 활동이나 선임사외이사제도 등 견제장치들이 있어, 리더의 올바른 판단을 지원해주고 있는 추세다.

세 번째 휴브리스의 특성 중 하나는, 자신들이 원하는 최적의 후계자나 파트너를 정확하게 선택할 수 있다고 믿는 것이다. 과연 그럴까? 대개는 승계에 대해 고민하기는 하나, 체계적이지 않다. 자신과 비슷한 성향이거나, 자신의 뜻을 잘 헤아려서 미리 움직일 줄 아는 사람을 좋아하고, 후계자로 삼는 경우가 많다. 그러다 보니 문제는 바로 그런 후계자들이 자신의 휴브리스를 증폭하고, 그들이 승계받은 후에 또 휴브리스적 특징을 보인다는 것이다. 자신에게는 공손하지만, 혹시 그 부하의 부하들에게는 매우 거만한 태도를 보이지 않는지 눈여겨보아야 한다.

또한 특히 스탭 조직의 역할과 특징을 이해하지 못하고 반감을 가진 사업부 리더가 바로 전사를 책임지는 CEO의 후계자가 되는 것은 위험하다. CEO를 보좌하며 전사를 조망하는 경험을 쌓을 수 있는 비서실장을 거치거나, 역할을 바꿔 역지사지할 수 있는 기회가 필요하다. 쥐덫을 잘 만드는 사람은 그냥 쥐덫을 잘 만드는 사람일 뿐이다. 그보다는 도전을 주는 사람들, 즉 리더가 다시 생각할 수 있도록, 리더 스스로 허점을 찾고 인정하고 약점을 극복할 수 있도록 도와주는 사람들이, 좋은 부하들이고 좋은 후계자감이다.

수나라를 이은 당나라의 2대 황제 태종(太宗) 이세민(李世民)은 신하들에게 창업과 수성 중 어느 것이 더 어려운가 하는 질문을 했다. 이런 질문을 했다는 것 자체가 그가 수나라 양제와는 다른 인물이라는 것을 말해주는 것 같다. 신하 중 방현령(房玄齡)은 창업의 어려움을 얘기했다. 반대로 위징(魏徵)은 이런 말을 했다. "제왕이 병사를 일으키는 것은 반드시 세상이 혼란스러워진 뒤의 일입니다. 그러한 혼란을 제거하고 흉악한 폭도들을 진압하면 백성들은 제왕을 기꺼이 추대하고, 천하의 인심이 제왕에게 돌아오게 됩니다. 창업은 하늘이 주고 백성들이 받드는 것이기 때문에 어려운 것이라고 할 수 없습니다. 그러나 일단 천하를 얻은 뒤에는 마음이 교만하고 음란한 데로 달려가게 됩니다. 백성들은 편안한 휴식을 원하지만 각종 부역이 끝이 없고, 백성들은 잠시도 쉴 틈이 없지만 사치스러운 일은 오히려 멈추지 않습니다. 나라가 쇠락하고 피폐해지는 것은 언제나 이로부터 발생합니다. 이러한 점에서 말하면, 이미 세운 업적을 지키는 일이 어렵습니다."

계속 기업의 지속가능성
멈 춤 을 안 다

경영학과 신입생으로서 수업시간에
교수님으로부터 '계속 기업(Going Concern)'의 개념을 설명 들었을
때의 느낌이 지금도 생생하다. '계속 기업'은 기업의 최종적인 목표
다. 수익창출 등 기업이 내세우는 목표는, 이 최종목표를 달성하기
위한 중간목표다. 대부분 기업과 관련된 경영학의 내용은 이 '계속
기업'을 전제로 한 것들이다. 언젠가 사라져 없어질 것이 아니라 영
원히 존재하는 것, 적어도 영원히 존재하기 위해 노력하는 것을 위
해 일한다는 개념은, 대학 신입생이었던 나를 기업에 한번 뛰어들
어보고 싶다는 생각으로 가슴 뛰게 만들었다.

아시아 최고의 갑부 중 하나인 홍콩의 청쿵(長江)그룹 회장 리카

싱(李嘉誠)의 좌우명 가운데 하나는 '지지(知止)'라고 한다. 홍콩사람들이 1달러를 쓰면 그중 5센트는 리카싱의 호주머니에 들어간다고 하는 바로 그 사람의 좌우명이 '멈춤을 안다'는 것이다.

그가 말하는 멈춤은 사실 도약을 위한 준비다. 한 번 써먹어서 성공한 방식이라고 해서 계속 고집해서는 안 되며, 적당한 시점에 멈추고 다른 방식을 생각해야 한다. 개구리도 멀리 뛰려면 엉금엉금 기던 것을 멈춰야 한다. 지금껏 하던 일을 그대로 계속하면서 새로운 도약을 이룰 수는 없다. 그런데 사람들은 대개 일이 잘 풀리고 만족스럽다 싶으면, 그 일을 그만두지 못한다. 지금껏 해 오던 일이 예전 같지 않고 왠지 잘 풀리지 않을 때 그것을 그만두려 하면 이미 때가 늦은 것이다. 그때는 그만두는 것도 쉽지 않다.

기업활동을 예로 들면, 이미 설비는 잔뜩 들여놓았고, 대금은 아직 치르지 못한 경우도 있을 것이고, 시장에 재고는 풀려 있는데 팔리지는 않고 자금회수는 점점 더뎌진다. 발을 빼려고 해도 설비값은 이미 바닥으로 떨어졌거나 팔리지 않고, 시장에 풀린 재고를 회수하는 데만도 돈이 더 들어간다. 사업의 사이클이 아주 길거나 거의 없다면 다행이겠으나, 대부분의 사업들은 나름의 사이클을 가지고 있다. 그래서 경기가 좋을 때 다음에 다가올 바닥사이클에 미리 대비하거나, 아니면 새로운 사업으로의 전환을 검토해야 한다. 바닥사이클에 이미 진입한 후에는 멈추고 싶어도 멈출 수가 없다.

한때 잘나가던 기업들이 위기에 몰리고 뒷전으로 처지는 것도, 대부분 사업이 승승장구할 때 멈출 줄 모르고 계속해서 앞으로 나아가는 것만을 고집했기 때문이다. 카메라 필름의 선구자였던 코닥이 디지털카메라를 먼저 발명해 놓고도 필름의 이익을 잃을까 망설이다가 망한 얘기는 너무나 유명하다. 비디오 대여 업계에서도 한때 타의 추종을 불허하는 업계 1위는 블록버스터(Blockbuster)였다. 대형마트가 있는 쇼핑 블럭마다 블록버스터 매장이 있었고, 미국인의 90퍼센트가 블록버스터 매장 10분 내에 거주할 정도였다. 1998년 넷플릭스(Netflix)를 설립한 리드 헤이스팅스(Wilmot Reed Hastings, Jr)는 블록버스터에서 '아폴로13(Apollo 13)'이라는 비디오 한편을 빌리고 연체료 40달러를 내는 데 불만을 품고, 넷플릭스를 세웠다고 알려졌다. 콘텐츠 환경이 비디오에서 DVD로 바뀌면서 점차 넷플릭스에 따라잡히던 블록버스터는, 인터넷을 통한 스트리밍 서비스의 등장과 함께 결정타를 맞고 2010년 파산했다. 거대기업 블록버스터와 혁신 신생기업 넷플릭스의 차이는, 환경변화의 와중에 하던 대로 하느냐, 완전히 새롭게 하느냐의 차이였다.

반세기 넘게 세계 어린이들의 '마음의 고향'이 되었고, 오프라인 소매 유통업에서 한때 카테고리 킬러의 황제로 불렸던 완구 전문점 토이저러스(Toys R Us)도 2017년 파산했다. 온라인쇼핑으로 흐름이 바뀌는 현상에 제대로 대비하지 못해서 실패했다는 분석이 많지만, 1990년대 후반만 해도 토이저러스는 인터넷 상거래에서 상당한 존재감을 과시했었다. 그런데 1999년 세기말의 홀리데이시 즌에 온라인 주문이 폭발적으로 몰리는 바람에 일부 고객들이 크리스마스 전에 배송받지 못한 일이 생기면서, 미국 연방무역위원회(FTC)로부터 35만 달러의 벌금을 부과받았다. 이후 2000년 토이저러스는 10년간 아마존에서 장난감과 어린이용품을 독점 판매하는 지위를 얻으면서, 그 대가로 독립적인 온라인쇼핑 사이트 운영을 포기했다. 우여곡절 끝에 2006년 다시 온라인쇼핑 사이트를 열었지만, 아마존 안에서 길들여진 토이저러스의 온라인쇼핑몰은 다시 안착하지 못했고 이미 고객들은 아마존을 통한 온라인 구매에 익숙해져버렸다.

그런데 90대 이상의 나이에도 불구하고 하던 일을 멈추지 않고 열정적으로 계속하는 사람들이 있다. 피카소는 93세의 나이로 세상을 뜰 때까지 과거의 명작들과 대결하는 독특한 모작의 형태로 그림을 그렸다. 영화배우이자 감독인 클린트 이스트우드는 91세의 나이인 2021년, 영화 '크라이 마초(Cry Macho)'를 감독하고 주연을 맡았다. 장뤼크 고다르 감독의 영화 '네 멋대로 해라(Breathless)'에서 음악을 작곡한 피아니스트 마르시알 솔랄도 2021년 94세의 나이로 〈À bout de souffle〉라는 정규음반

을 냈다. 한국의 철학자이자 수필가 김형석(1920~) 선생은 100세
가 넘어선 아직도 강단에 선다. 이들 노장들이 보여주는 모습은 어
떻게 해석해야 할까? 이들은 과거의 방식을 반복하는 것이 아니라,
끊임없이 배우고 도전하고 스스로를 뛰어넘으려는 것이기에 지속
적인 열정으로 보는 것이 마땅하다. 멈추지 못하는 노욕과는 다르
기 때문에 그 정도의 경지에 이른 것이다.

　잘나갈 때 그동안 품었던 생각과 써 왔던 정책, 전략과 방안들을
과감하게 버리고 멈추어야 한다. 성공을 이루어 가는 과정의 장점
은, 성공을 이루었을 때 써먹을 수 있는 장점이 아닌 경우가 많다. 그
래서 한고조 유방(劉邦)의 중국 재통일에 크게 기여한 육가(陸賈)는
"말 위에서 나라를 얻었다고 말 위에서 나라를 다스릴 수는 없다."며
'문무병용(文武倂用)'을 주장했다. 전쟁이 끝났으면 말에서 내려와
야 한다는 것이다. 중국을 처음으로 통일한 진나라가 법가사상을 기
반으로 강압적인 통치를 계속하다가 몇십 년을 버티지 못한 것과 달
리, 한나라는 문무병용을 바탕으로 몇백 년을 이어갔다.

　개인도 마찬가지다. 지금 나의 경쟁력을 이루고 있는 것이 무엇
인지 잘 파악해야 하겠지만, 그것이 언제든지 나의 발목을 잡을 수
있는 최대의 약점이 될 수 있다는 것을 알아야 한다. 유창한 언변
과 친화력을 장점으로 발휘해서 고위 공직에 진출한 사람들은, 대
개 그 친화력과 언변으로 인해 곤경에 처한다. 회사 내의 특정 사

업이나 기능에서 뛰어난 성과를 올려 CEO가 된 사람은, 과거 성과의 기반을 너무 중요하게 생각한 나머지 전체적인 시야를 확보하고 중심을 잡는 데 실패하는 경우가 많다. 입장과 처지가 바뀌었는데도 일하는 방식은 그 전과 같기 때문이다. 자기가 변하지 않아도 자기를 둘러싼 환경은 계속 변한다. 그래서 멈출 줄 알아야 하는 것이다. 적당한 때 멈춰 서서 버릴 것은 버리고, 새로운 것의 기회를 찾아 타이밍을 잡는 노력을 해야 한다. 과거의 성공 경험을 일반화하는 것 못지않게, 조직의 성공을 개인적인 것으로 돌리는 것도 매우 위험한 생각이다. 조직이 성공하면 그것이 전부 어느 한 사람의 착상이나 결단, 지휘력에서 나온 것으로 생각하는 경우가 많다.

역사학자 에드워드 카(Edward. H. Carr, 1892~1982)는 명저 《역사란 무엇인가(What is History)》에서, 특정한 개인의 창조력 혹은 탁월한 능력에서 나오는 영향력으로부터 역사의 원동력을 찾으려는 시도들을 비판한 바 있다. 그런 식의 역사 인식은 원시적인 것이며, 역사에 있어서 특정한 개인이 부각되어 보인다고 하더라도 그것을 뒷받침하는 '다수'가 없이는 역사가 그런 방향으로 진행되지 않았을 것이라고 주장했다. 바로 그 '다수', 즉 '사회적 힘'이 없으면 성공이 지속될 수 없기 때문이다.

성공을 지속시키려면 마무리할 것은 제때 마무리하고, 새로운 성공이 가능할 수 있는 여건과 시스템을 갖춰야 한다. 잘 마무리한 다는 것은, 아무 때나 아무렇게나 그만두고 떠나는 것이 아니다. 한 사람이 떠나도 남은 일이 새롭게 그리고 더욱 잘될 수 있도록 만들어 놓고 떠나는 것이다. 또 언제까지나 한 사람이 무한책임을 질 수 없기에, 사람이 바뀌어도 일이 바르게 될 수 있도록 체계를 갖추는 것이다. 따라서 멈춤을 안다는 것은 시스템에 의존해서 일을 한다는 뜻이며, '계속 기업'의 이념을 이론적인 가정이 아니라 현실에서 구현해 내는 방법이다.

필자가 볼 때 지금 기업들이 멈추어야 하는 가장 중요한 문제는, 주주들의 단기적인 이익만을 중심에 두고 탐욕적으로 경영하는 방식이다. (이하의 '이해관계자 자본주의'에 관한 내용은 서울대학교 사회학과 정재언의 석사학위 논문 〈한국 대기업의 이해관계자 자본주의 수용 현황과 문제점〉에서 요약, 발췌하였다.)

2019년 8월 미국 대기업 최고경영자들이 모인 비즈니스라운드테이블(Business Roundtable)은 그동안 당연시했던 주주(shareholder) 이익 극대화를 뛰어넘어, 고객, 직원, 공급업체, 사회 등 모든 이해관계자를 고려한 근본적 책무를 공유하고, 주주를 위한 장기적 가치를 창출하는 것이 기업의 목적이라는 성명을 발표했다. 이해관계자 자본주의, 지속가능경영 또는 ESG 경영으로 불리는 이러한 추세는, 국가 간의 규약과 정부의 정책, 시장의 규제에도 반영되어 기업 경영활동 전반에 영향을 미치고 있다.

사실 '이해관계자 자본주의'는 최근에 등장한 새로운 아이디어가 아니다. 1932년에 버얼과 민즈(Berle & Means)가 이미, "공개기업은 공공정책을 고려하여 다양한 이해관계자의 주장을 균형 있게 조정할 전문 관리자를 두어야 한다."고 주장했고, 이는 향후 40년 동안 미국 대기업의 일반적인 접근 방식이 되었다. 그러나 노벨경제학상을 받은 밀턴 프리드먼이 1970년에 "기업의 사회적 책임은 이윤을 늘리는 것이다."는 글을 〈뉴욕타임스 매거진(The New York Times Magazine)〉에 기고한 이후, 대부분의 경영자와 투자자들은 그동안 "기업의 유일한 사회적 책임은 모든 가용 자원을 동원해 이익을 늘리는 것이며, 기업은 오로지 주주들에게만 책임을 진다."는 '주주 자본주의'를 신봉해 왔다. 왜 그랬을까? 종업원들에 대한 임금 인상이 주주 이익과 상충될 때 이런 이해충돌을 조정해주는 적절한 기준이 없으면, 경영진의 자의성에 의존하게 되며 도덕적 해이가 발생할 가능성이 커진다. 기업이 가야 할 방향에 대한 명확한 지침을 제공하지 못하기 때문에, 실제로 많은 대기업에서 이해관계자들 사이의 상충되는 주장의 균형을 표면적으로 맞추려다 큰 혼란이 생겼다. 서로 다른 관점, 가치, 태도 및 야망을 가진 사람들이 명시적 기준이나 지침이 없이 수많은 결정을 내렸고, 그 결과가 회의 참석자가 누가 되느냐에 따라 달라지기 일쑤였다. 그야말로 '쓰레기통 조직(Garbage Can Organization)'이 되어버린 것이다.

원론적으로 주주 자본주의에서는, 이윤이라는 명확한 기준을 가지고 있으며, 주주는 이 기준을 바탕으로 경영진에게 적절한 인센티브를 제공하여 더 큰 가치를 얻을 수 있기 때문에 이해충돌이 크지 않다고 본다. 고객에 대한 제품 판매, 종업원들의 근로 제공, 협력업체의 부품 등 모든 거래가 시장과 계약을 통해 공정하고 정의롭게 이뤄진다면, 주주의 몫인 잔존가치(residual value)를 최대화하는 것은 기업이 발생시키는 전체 가치를 최대화하는 것과 같다고 보는 것이다. 주주 이익을 극대화하기 위해 노력하는 과정에서 노동자의 고용, 지역사회와 협력업체로부터 소재, 부품, 용역의 구매, 자금의 차입 등, 다른 이해관계자들과의 계약을 통한 거래관계가 늘어나고, 이는 다시 전체 이해관계자의 이익을 극대화하게 된다. 그런데 여기서 주목할 것이 '공정하고 정의롭게 이루어진다면'이라는 단서다. 프리드먼도 주주 이익에 집중할 것을 주장할 때 달았던 단서다.

바로 이 단서에 문제가 많았다. 단기적 이익 극대화를 모든 경영 판단의 중심에 두고 탐욕적으로 진행하는 기업의 활동이, 윤리를 경시하고 주주가 아닌 다른 이해관계자들의 이익을 침해하여, 기업의 장기적 성장에도 해를 끼치고 자본주의 체제의 발전에 위협이 되었다. 특히 기술의 발전과 자동화, 플랫폼화의 진전에 따라 기업의 수익과 이익은 커지는 반면, 고용은 줄고, 협력업체에 대해서는 소위 갑질로 일컬어지는 가격 압박을 하고, 지역사회에 대한 기여는 줄어드는 현상도 나타난다. 주주 자본주의의 중요한 전제는, 기업이 이해관계자와 맺는 모든 거래가 공정하고, 시장이 경제적, 정보적, 윤리적으로 완전하며, 그러한 완전성이 가격으로 환원된다는 것인데, 그것은 가정일 뿐이다. 가정일 뿐인 것을 이미 현실화된 것으로 간주하고, 더 이상 관심을 기울이지 않는 것이 문제다.

2008년 글로벌 금융위기가 발생한 이후, 이런 상황에 대한 인식이 확 커졌다. 그래서 '이해관계자 자본주의'가 다시 소환된 것이다. 필자가 보기에 주주가치 최대화를 통해 기업들이 모든 책임을 다할 수 있다고 보는 것은, 남녀 간의 사랑으로 인간 세상의 모든 문제를 다 해결할 수 있다고 여기는 것처럼 순진한 생각이다. 아직 금융위기의 여파가 가라앉지 않은 2013년 보스턴 거리에서 젊고 건강해 보이는 홈리스 커플 앞 팻말에 이런 문구가 적혀 있었다. "사랑이 전부라고 생각했어요(We thought love is everything.)."

주주 자본주의와 이해관계자 자본주의를 비교해 보았는데, 결론적으로 주주 자본주의를 넘어 다시 이해관계자 자본주의가 소환된 이유 못지않게, 일찍이 이해관계자 자본주의가 광범위한 지지를 받다가 주주 자본주의 이념에 주도권을 빼앗긴 이유도 잊지 말아야 한다. 실제 기업 현장에서 이해관계자들과 방만하게 결탁한 경영진의 모럴 해저드와 쓰레기통 조직처럼 운영한 무능력이 되풀이되어서는 안 된다.

지금 이해관계자 자본주의를 다시 논의하는 것은 20세기 중반으로 그대로 다시 돌아가자는 것이 아니다. 주주 자본주의의 적용으로 개선된 내용은 살리면서, 새로 대두된 문제들을 해결하는 방향이 되어야 한다. 기업들의 ESG 경영에 대한 관심도 잠시 지나가는 유행처럼 생각하고 겉으로만 따라가는 척만 해서는 안 된다. 주주 이외의 다른 이해관계자들을 객체화, 수단화하여 지배주주의 이익을 위해 이용함으로써, 불공정한 지배구조의 틀을 고착화시키려 하면 새로운 사회적 갈등의 원천이 될 수 있다. 진정성 있는 가치의 배분과 합의를 위해 노력해야 한다. 기업의 정체성에 관해 한편으로 이익창출 기관이면서 동시에, 얼마나 사회문제를 자신이 존재하기 위한 기반으로 받아들이고 자발적으로 공공성을 인식하느냐의 정도에 따라, 앞으로 기업들의 활동 내용이 영향을 받고 그 지속가능성이 판가름 날 것으로 본다.

　　　　대나무는 줄기마다 마디가 있고, 사람이 하는 모든 일에는 시작과 끝이 있기 마련이다. 하루가 저무는 밤이나 한 해가 가는 연말에 사람들은 지나간 마디의 시간을 되새

기며 마무리를 생각하고, 하루가 다시 시작하는 아침이나 새해가 시작되는 연초에는 새로운 희망을 담은 새로운 계획을 세우느라 분주해진다. 이런 마무리와 계획 가운데 빼놓지 말아야 할 것이 바로, 지금 하고 있는 일 가운데 무엇을 멈추고 그만두어야 할 것인가를 생각하고 실천하는 것이다. 성과가 나지 않는 것, 골치 아프게 하는 것, 닥쳐올 문제가 빤히 보이는 것들은 어쩌면 지금으로서는 그만둘 수 없는 것들이다. 이미 한참 전에 마무리했어야 할 것들이다. 진작에 그러지 못했기 때문에 문제들이 닥쳐와서 지금 그 한가운데에 빠져 있는 것이다.

잘 진행되고 있는 것, 적당히 손에 익어 적당한 이익을 가져다주는 것, 내게 익숙해지고 편안해진 것, 남들이 한참 부러워하는 것들 가운데 그만둘 것이 어떤 것인지 깊이 생각하고 찾아내서 결단을 내려야 한다. 그리고 새롭게 '지금 이 순간' 가장 절실한 것을 찾아 나서야 한다. 지금 기업들을 포함한 우리 모두를 둘러싼 가장 절실한 문제는, 지구환경과 인류문명의 지속가능성이다. 이 문제에 제대로 대처하기 위해 그동안 당연하게 생각하고 편안하게 받아들여 왔던 주주 자본주의에 대한 맹목적인 추종을 멈추고 다시 생각할 때다.

마치며

......
물을 뿌리고 희망을 키우는
절망하지 않는 작은 꽃밭 하나를
흐린 봄날에는 갖고 싶다

(김수복, 〈꽃밭〉 中에서)

2014년 직장인들 사이에 드라마 '미생'이 대단한 인기를 누렸다. 누적 조회수 10억 건을 넘겼다는 윤태호 작가의 동명 웹툰을 원작으로 한 이 드라마는, 뚜렷한 로맨스나 갈등도 없이 '일이 전부인 삶'을 사는 평범한 직장인들의 이야기로, 현실 속 직장인들의 마음을 흔들었다. 야근을 당연시하는 상사 때문에 속 끓는 부하직원, 병원에 갈 시간이 없어서 병을 키우는 회사원, 주인공과 같은 열정이 없어서 고민인 신입사원, 직장 내 왕따 등, 직장인들의 토로가 끝도 없이 펼쳐지고, 회사 화장실에서 웹툰을 보다가 눈물을 흘렸다는 사연도 있었다. 윤태호 작가는 언론 인터뷰에서 "인재 몇 명이 사람들을 먹여 살린다."는 말이

싫었다면서, 이렇게 반문했다. "그렇다면 서울에 이렇게 많은 빌딩이 왜 필요하고, 많은 창문과 책상은 왜 필요할까요?" 평범한 사람들이 갖는 '일의 의미'가 이 웹툰과 드라마의 주제다. 주인공 중 한 명인 오 차장은 이렇게 말한다. "나는 왜 일에 의미를 부여했을까? 그냥 일일 뿐인데."

하버드 MBA 출신 저널리스트인 필립 델브스 브러턴(Philip Delves Broughton)은 그의 책 《장사의 시대(The art of the sale)》에서 이런 말을 했다. "좋은 세일즈맨은 '에스키모에게 얼음을 팔 수 있나?'와 같은 질문을 모욕적이라고 느낀다. 진정으로 우수한 세일즈맨은 쓸 데 없는 상품을 팔지도, 소비만능주의를 조장하지도 않는다. 자신의 판매행위가 소비자에게도 궁극의 이득이 될 것이라는 확신을 갖고 현장에 나선다. 그것이 일종의 '마취'라 하더라도, 삶과 일과 가치관의 통합은 대부분 분야에서 성공의 조건이다. 하기 싫은 일을 하며 하루 또 하루를 버티는 식으로 좋은 삶을 살 수도, 성공할 수도 없다."

리더는 평범한 사람들로 이루어진 구성원들에게 목표를 달성하도록 몰아붙이는 사람이 아니라, '일의 의미'를 통해 진정한 자부심을 고취하고 삶과 일과 가치관을 통합할 수 있도록 함으로써 비범한 일을 이끌어 내는 사람이다. 이때 '일의 의미'라 함은 우리가 살아가는 환경인 지구와 이웃에 우리의 일이 미치는 영향이다. 리더는 소아(小我)가 아니라 대아(大我)를 생각하는 사람이다. 환경과 시스템의 문제에 둔감하다면 제대로 된 리더가 될 수 없다. 개인도 마찬가지지만 기업은 기업을 둘러싼 환경 속에서 존재한다. 환경과 떨어져서 홀로 존재하지 않는 것이다. 따라서 환경이 건강하지 못하면 그 속에 있는 기업도 건강을 유지하기 어렵다. 이때 환경은 자연적 환경뿐 아니라 모든 이해관계자를 포괄하는 사회적 환경까지 함께 얘기하는 것이다.

오비디우스의《변신 이야기(Metamorphoses)》에 나오는 에뤼식톤 왕은, 케레스 여신의 숲에 있던 거대한 참나무를 도끼로 찍어 쓰러뜨린 데 대한 벌로 먹어도 먹어도 배가 채워지지 않고 계속해서 먹을 수밖에 없는 허기에 시달리는 벌을 받았다. 그는 재산을 다 날리고 딸까지 팔아 치우더니 마침내는 제 사지를 뜯어먹다가 죽고 말았다. 이는 기업들이 환경과 함께 건강하게 공존하고 있는지, 제 살과 다름없는 환경을 해치며 함께 죽어가고 있는지를 생각하게 만드는 훌륭한 비유다. 기업의 입장에서 지속적으로 성장하고 발전하기 위해서는, 다양성을 갖춘 상태에서 글로벌 시장 경쟁우위를 계속 추구해야 한다. 이는 아이러니하게도 전 지구적으로는 다양성을 해치는 결과를 초래한다. 여러 다국적기업들이 시장을 늘려 갈수록 각국의 문화가 획일화되고, 전통적인 생활양식이 훼손되는 것이 그런 예이다.

인류학자 마거렛 미드(Margaret Mead)에게 어떤 학생이 문명의 첫 증거는 무엇이라고 생각하는지 질문했다. 학생은 미드가 토기, 사냥 도구, 숫돌, 종교적 유물 등을 언급할 것이라고 예상했다. 그런데 미드는 고고학 발굴 현장에서 찾아낸 1만5,000년 된 인간의 넓적다리뼈라고 대답했다. 이 뼈는 인체에서 제일 긴 뼈로 엉덩이와 무릎을 연결하며, 현대 의술의 도움이 없다면 부러진 넓적다리뼈가 다시 붙기까지 대략 6주가 걸린다. 발굴된 뼈는 부러졌다가 다시 붙은 것이었다. 뼈가 부러진 동료 곁을 다른 어떤 인간이 지켰고, 상처를 감싸고 안전한 곳으로 데려가서 다 회복될 때까지 돌봐줬다는 증거였다. 동물의 세계에서 다리가 부러지면, 위험으로부터 도망칠 수 없고 물을 마실 수도 사냥할 수도 없으며, 맹수의 먹잇감밖에 안 된다. 어떤 동물도 부러진 다리가 다시 붙기까지 살아남을 수 없다. 인류의 문명은 도구의 제작이 아니라 위험을 무릅쓰고 곤경에 처한 동료를 도운 것으로부터 시작했다는 것이 마가렛 미드의 깊은 통찰이었다.

언젠가 중국 닝보에서 상하이로 기차를 타고 가던 어느 날, 지금은 돌아가신 황현산 선생의 책《밤이 선생이다》를 읽다가 한 줄의 글에서 정신이 확 깨는 느낌을 받았다. '먹는 정성 만드는 정성'의 마지막 부분에 이렇게 씌어 있었다. "정성스럽게 음식을 느끼려는 자에게 맛은 도처에 있다. (중략) 정신이 부지런한 자에게는 어디에

나 희망이 있다." 희망은 멀리 있는 것이 아니라 평범한 사람들 가운데 있다. 아래의 시구에서처럼 물 깊은 밤, 차가운 땅에서도 눈물이 아닌 사랑으로 그 평범한 사람들과 함께 희망을 일구어 가고자 하는 것이 바로 리더의 마음이 아닐까?

......
그동안 나를 이긴 것은 사랑이었다고
눈물이 아니라 사랑이었다고
물 깊은 밤 차가운 땅에서
다시는 헤어지지 말자 꽃이여

(정호승, 〈가을꽃〉 中에서)